AF618645

Jiaxin Wang

Husserls Begriff der ‚Hyle' aus der Perspektive der Lebensphänomenologie

STUDIEN ZUR PHÄNOMENOLOGIE
UND PRAKTISCHEN PHILOSOPHIE

Herausgegeben
von
Christian Bermes, Hans-Helmuth Gander, Lore Hühn, Günter Zöller

BAND 48

ERGON VERLAG

Jiaxin Wang

Husserls Begriff der ‚Hyle' aus der Perspektive der Lebensphänomenologie

---

ERGON VERLAG

Bibliografische Information der Deutschen Nationalbibliothek
Die Deutsche Nationalbibliothek verzeichnet diese Publikation in der Deutschen Nationalbibliografie; detaillierte bibliografische Daten sind im Internet über http://dnb.d-nb.de abrufbar.

Gedruckt auf alterungsbeständigem Papier.
Umschlaggestaltung: Jan von Hugo

www.ergon-verlag.de

ISSN 1866-4814
ISBN 978-3-95650-525-6 (Print)
ISBN 978-3-95650-526-3 (ePDF)

Vorwort

Die vorliegende Arbeit wurde in den Jahren 2012-2016 in Freiburg i. Br. geschrieben und im Februar 2017 von der Philosophischen Fakultät der Albert-Ludwigs-Universität Freiburg als Dissertation angenommen. Für die Drucklegung wurde das Manuskript geringfügig überarbeitet.

Es ist mir ein Bedürfnis und eine Freude, an dieser Stelle einige Worte des Dankes auszusprechen. Mein größter Dank gilt dem Betreuer dieser Arbeit, Prof. Dr. Hans-Helmuth Gander. Durch immer wieder neue Anregungen, die ich in seinen Lehrveranstaltungen gewann, ebenso wie zahlreiche Gespräche und nicht minder durch sein in mich gesetztes Vertrauen, hat er zum Gelingen dieser Arbeit erheblich beigetragen. Herzlichen Dank empfinde ich auch gegenüber meinem Zweitgutachter, Prof. Dr. Oliver Müller.

Wertvolle Anregungen verdanke ich zudem Prof. Dr. Andrea Staiti, Dr. Christopher Gutland, Dr. Bernhard Nessler, Dr. Regula Giuliani, Dr. José Luis Luna Bravo, Natalia Rodríguez Martín, Dr. Yang Dong, Dr. Ye Bing, Dr. Han Choong-Su, Zhang Xiaoya, Liu Chang, Liu Huan und den damaligen Teilnehmern des Lesekreises des Husserl-Archivs an der Universität Freiburg. Besonderer Dank gilt auch meinem Lehrer in Peking, Prof. Xiping Jin, der meine Promotion von Anfang an unterstützt hat, und Prof. Dr. Liu Zhe, der mit freundlicher Kritik und wertvollen Vorschlägen diese Arbeit begleitet hat.

Mein Dank gilt außerdem Prof. emer. Dr. Gerold Prauss, in dessen Oberseminar an der Universität Freiburg ich erstmalig mit dem Denken Kants vertraut gemacht wurde.

Dr. Christopher Gutland möchte ich meinen innigsten Dank für die stilistische Durchsicht und Korrektur der Arbeit aussprechen; ohne seine großzügige Hilfe könnte die Arbeit nicht im jetzigen Zustand erscheinen.

Ich bin auch herzlich dankbar für die wertvolle Ermunterung und interessierte Begleitung seitens meiner Freunde in Freiburg. Besonderer Dank gilt hier Dieter Sonnenmoser, Dr. Erwin Schlösser und Dr. Bernhard Nessler.

Der *China Scholarship Council* gewährte mir für die Arbeit an der Dissertation ein vierjähriges Grundstipendium, wofür ich an dieser Stelle einen herzlichen Dank aussprechen möchte.

Inhaltsverzeichnis

Einleitung

Im Nachwort zu den *Ideen I*, das aus Husserls Vorwort für die englische Ausgabe der *Ideen I* im Jahr 1930 entstanden ist, fasste Husserl den Inhalt/die Ergebnisse seines gesamten Forschungsprojektes zur phänomenologischen Subjektivität prägnant zusammen. In diesem wichtigen Nachdenken über seine erste maßgebliche Darstellung der transzendentalen Phänomenologie hat er das Ziel seiner Bemühung nochmals betont: die apriorischen Wesensstrukturen der Subjektivität aufzudecken. Er begreift es dabei als seine Aufgabe, „eine Wissenschaft von der faktischen transzendentalen Subjektivität“ einzubeziehen.[1] Diese „faktische transzendentale Subjektivität“ soll das Schwerpunktthema der hier vorgelegten Arbeit sein. Vorliegende Arbeit versucht dabei, sich dieser faktischen Seite der transzendentalen Subjektivität über den Begriff der ‚Hyle‘ zu nähern. Die diversen Bedeutungen und Funktionen, die sich an diesen Begriff in Husserls Werk knüpfen, werden dabei ebenso freigelegt, wie die vielen Aporien, die damit verbunden sind. Zwei weitere Autoren spielen dabei eine besonders maßgebliche Rolle: Michel Henry und Max Scheler. Henrys Kritik an Husserls Hyle erlaubt es, einen Mangel in Husserls Konzeption zu bemerken, für den sodann entlang Schelers anthropologisch gelagerten Überlegungen ein Versuch gemacht wird, wie dieser Mangel behoben werden könnte. Dabei wird schließlich auch die Frage relevant, inwieweit sich hinter dem Hyle-Begriff im Sinne des Faktischen nicht just jene Sphäre verbirgt, die man die ‚Realität‘ nennt.

Eine solche ‚Wissenschaft von der transzendentalen Subjektivität‘ muss selbstverständlich von dieser Subjektivität als einem Faktum ihren Ausgang nehmen, sie also voraussetzen. Wenn Husserl betont, seine Philosophie ziele vor allem auf eine reine Phänomenologie ab, so meint er nicht, er wolle die faktische bzw. materielle Dimension des gesamten Erfahrungsfeldes von dessen eidetischen Gestalten ausschließen. Vielmehr setzt für ihn jede eidetische Reduktion das entsprechende Faktum voraus. Es steht für ihn fest, dass das ‚Reine‘ nicht irgendein Synonym des ‚Eidetischen‘ ist. Damit ist für ihn das ‚Reine‘ auch kein Gegensatz zum ‚Faktischen‘ und zum ‚Materiellen‘. Mit der Unterscheidung des ‚Reinen‘ bzw. des ‚Transzendentalen‘ stellt er nur klar, dass dieses so bezeichnete Erfahrungsfeld gegenüber dem natürlich-psychologischen Erfahrungsfeld *eine ursprüngliche Gegebenheit* ist. Für die in dieser Arbeit gewählte Besprechung des ‚Materiellen‘ soll daher gleich hier betont werden: Das ‚Material‘, von dem hier die Rede sein wird, wird nicht bei der ‚Reinigung‘ des Bewusstseins ausgesondert und gewissermaßen weggeschüttet.

[1] Hua V, 143. Anmerkung zu den Zitaten: In dieser ganzen Arbeit wird der Sperrdruck, den Husserl oft zur Emphase verwendet, nicht übernommen.

Obwohl bei Husserl die materielle Seite der Subjektivität durch den sich ausweitenden Forschungsumfang der transzendentalen Phänomenologie nicht ausgeschlossen wird, rückt sie bei ihm dennoch nie in den Mittelpunkt einer eigenständigen Untersuchung. Man kann geradezu beobachten: Wenn Husserl das Gesamtprogramm der transzendentalen Phänomenologie vorstellt, wird dabei das Materiale weitgehend vernachlässigt. Und er besteht sogar auf dieser Vernachlässigung. So ist im bereits zitierten Nachwort zu *Ideen I* zu lesen, dass die Wissenschaft vom eidetischen Wesen der Subjektivität gegenüber der Wissenschaft von der faktischen Subjektivität „eine viel höhere“[2] sei.

Es bleibt bei Husserl aber eine offene Frage, wieso der materielle Bestandteil der Subjektivität nicht ebenso wertvoll sein soll wie sein Gegenpart, der formale. Dies hat freilich zu tun mit Husserls Streben nach ‚strenger Wissenschaft‘. Er versteht die Phänomenologie als absolute Erkenntniswissenschaft. Um sie als solche in Gang zu bringen, sind nach Husserl zwei Schritte nötig: 1. phänomenologische Reduktion und 2. eidetische Reduktion. Mittels des ersteren kann das Erfahrungsfeld von seiner naiven Welt-Bezüglichkeit frei gemacht werden. Aber mit ihr allein kann die Phänomenologie das Niveau ‚strenger Wissenschaft‘ nicht erreichen. Die transzendentale Phänomenologie muss einen Schritt weitergehen und eidetische Reduktion vollziehen. Nur so kann sie sich als die Wissenschaft vom apriorischen Eidos ausweisen.[3] In diesem Sinne ist dann die phänomenologische Erforschung des Erfahrungsfeldes kein bloßes sachhaltiges Schauen mehr, sondern „Schauen als Wesenserfassung“.[4]

In der Tat erfasst die Wesensphänomenologie nicht alles, was der Rahmen der transzendentalen Phänomenologie Husserls umschließt. Besonders in seiner Spätzeit stellt Husserl die Grenzfrage nach dem faktischen Leben des transzendentalen Ich. In einem Passus aus dem Jahr 1931 hebt er den faktischen Träger der Wesensmöglichkeiten als ein Urfaktum hervor. Es ist das Urfaktum des Ich und zeigt sich phänomenologisch als eine Urstruktur, die sich innerlich „in ihrem Wandel der Urhyle etc. mit den Urkinästhesen, Urgefühlen, Urinstinkten“ verwirklicht.[5] In diesem Zusammenhang werden bei Husserl die ‚Urfakta der Hyle‘ unüberschreitbar, die Rede von einem ‚Urmaterial‘ erreicht hier ihren Höhepunkt. Ohne sie „wäre keine Welt möglich und keine transzendentale Allsubjektivität“.[6] Von diesem Kontrast zwischen dem Anspruch auf Wesensbestimmung der Subjektivität und dem der Subjektivität zugrunde liegenden Faktum

[2] Hua V, 143. An einer Stelle in den *Ideen I* schreibt Husserl zu diesem Punkt: „Uns interessieren nicht die Faktizität des Bewußtseins und seiner Abläufe, aber wohl die Wesensprobleme, die hier zu formulieren wären“ (Hua III/1, 312).

[3] Ströker prüft die Verhältnisse zwischen den beiden Reduktionen sorgfältig, insbesondere die Austauschbarkeit der Reihenfolge der beiden. (Ströker, Elisabeth, *Husserls transzendentale Phänomenologie*, 89).

[4] Hua XXV, 34

[5] Hua XV, 385.

[6] Ebd.

des Bewusstseinslebens geht die nachfolgende Untersuchung aus und widmet sich zunächst der Frage, was das Hyletische für die Theorie der transzendentalen Subjektivität bei Husserl bedeutet. Bemerkt werden muss hierbei: Der Begriff der Hyle findet in der Entfaltung von Husserls Gedanken keine systematische Verwendung.[7] Es kann sich also bei der Auseinandersetzung mit diesem Begriff nicht um eine wohlbekannte Sache handeln, sondern man fasst eines der großen Probleme ins Auge.

1. *Zum Problemstand*

Zweifelsohne ist der Begriff der ‚Hyle' einer der ältesten und wichtigsten. Aristoteles führte das Begriffspaar: Hyle (ὕλη) = Materie und Morphe (μορφή) = Form in die Philosophie ein. Dabei machte er insbesondere die ‚Hyle' zu einem Grundbegriff der Physik und dann der Ontologie (Seinslehre). Die Hyle steht wesentlich in Verbindung mit der Form. Aristoteles bestimmt die ‚Hyle' deutlich als Materie, Urstoff, das Gestaltlose (Phys. I 7., 191 a8-12), das gänzliche Unbestimmte (Phys. IV 2, 209 b9; Met. Z 11, 1037 a27) und das an sich Unerkennbare (Phys.III6, 207 a25f.; Met. Z 10, 1036 a8f.). Der Ansatzpunkt für die Hyle-Problematik liegt für Aristoteles in der Physik, da sie ganz allgemein das Werden zum Gegenstand hat. Hyle ist hier der Stoff, aus dem etwas wird. Die Frage nach dem wahren Sein, das in der Ontologie das zentrale Thema ist, führt Aristoteles dazu, die Hyle als Hypokeimenon, also das Zugrundeliegende zu deuten. Diese aristotelischen Bestimmungen sind längst zu einem philosophischen Grundwissen geworden und unschwer sowohl allgemein in Husserls Philosophieentwurf wiederzufinden als auch speziell in seinen Überlegungen zur Hyle. Das heißt, er unterteilt den Strom des phänomenologischen Seins in zwei Schichten: die stoffliche und die noetische Schicht.[8] Und Hyle ist als etwas Zugrundeliegendes vorzustellen. In beiderlei Hinsichten bleiben Husserls Überlegungen der philosophischen Tradition treu.

Das Besondere der Hyle-Lehre Husserls kann zunächst erhellen, wie sie ihren konkret argumentativen Sinn in Bezug auf die phänomenologische Bestimmung der Intentionalität Husserls bekommt. Die erste Reaktion auf die Bestimmung der Hyle bei Husserl ist im Zusammenhang mit den Kritiken der Intentionalitätsbegriffe Husserls vorgekommen, die man zuerst bei Aron Gurwitsch und J. P. Sartre finden kann. Gurwitsch schlug tatsächlich eine Revision des Hyle-Begriffes vor, die im ersten Kapitel eingehend diskutiert wird. Ihm gegenüber

[7] Landgrebe hat aufgezeigt, wie der Begriff ‚Hyle' durch die unsystematisch durchgeführten Untersuchungen von den vielschichtigen Subjektivitätsleistungen geprägt ist. Vgl. Landgrebe, *Faktivität und Individuation*, 78–87. Zur orientierenden Klassifikation von „Hyle" vgl. Rabanaque, *Hyle, Genesis and Noema*, 205–215. Vgl. auch Niel, *Absoluter Fluss, Urprozess, Urzeitigung*, 225.

[8] Hua III/1, 212.

vertritt Sartre dann eine extremere Position. Sartre zufolge gilt die Hyle als der Schwachpunkt, durch welchen gezeigt werden kann, wie Husserl das Wesen der Intentionalität nicht richtig aufgefasst habe.

Nach Sartre ist der Hyle-Begriff bei Husserl dazu berufen, zu erklären, wie das Bewusstsein sich über sich hinaus auf das Objekt hin transzendieren kann. Sartre nimmt dabei an, das Bewusstsein dürfe keine ‚reine Spontaneität' sein. Wenn es reine Spontaneität oder reine Aktivität wäre, könnte es auf Nichts mehr einwirken. Deswegen muss das Bewusstsein das passive Moment in sich tragen, worauf sich die Aktivität des Bewusstseins als die ‚Auffassung' beziehen kann. Aus diesem Begründungsbedarf hat Husserl „die Hyle oder de[n] reine[n] Erlebnisstrom und Stoff der passiven Synthesen"[9] als Elemente der Passivität in die Noesis eingeführt. Die Hyle als etwas Unintelligibles erfüllt das Erfordernis der Passivität im Erkenntnisvorgang, damit die Auffassungsfunktion des Bewusstseins auf „der impressiven und resistenten Basis", nämlich auf der hyletischen Schicht, das Objektbewusstsein aufbauen kann.[10] Hinzu kommt noch ein anderes Motiv für Husserls Hyle-Lehre in Sartres Betrachtung, nämlich Husserl habe absichtlich die Hyle in der noetischen Seite der Intentionalität verortet, damit sie sowohl die Eigenschaften des Dinges wie die des Bewusstseins hat. Somit könnte die Hyle den Übergang zwischen Ding und Bewusstsein erleichtern.[11]

Sartres Auslegung der Hyle dient aber merklich seiner eigenen Argumentation in der Einleitung von *Sein und Nichts*. Das Kapitel IV der Einleitung, in der die Kritik an der Hylekonzeption zu finden ist, soll untersuchen, ob das Sein des Phänomens auf das Sein des percipi (Wahrgenommensein) gegründet werden kann. Es zeigt sich deutlich: Sartre lehnt ab, das Sein des Seienden als sein ‚percipi' zu bestimmen. Sartre hob Relativität und Passivität als die Seinsweisen des Bewusstseins hervor. In diesem Zusammenhang bewertet Sartre die Hyle-Lehre Husserls als einen gescheiterten Versuch, der Passivität gerecht zu werden. Das Problem besteht in Sartres Sicht darin, dass der ontologische Status der Hyle nur schwerlich beurteilt werden kann. Von ihr selbst aus muss die Hyle einerseits dem Bewusstsein opak sein, damit sie im Bewusstsein, dessen Aktivität zum Trotz, als resistent in ihrem Eigensein gegeben sein kann. Denn, so Sartres Meinung: Wenn die Hyle ganz dem Bewusstsein angehört, dann „löst sie sich in Durchsichtigkeit auf".[12] Andererseits kann sich die Hyle, anders als die objektive Qualität, nicht durch Wahrnehmung ihr Sein aneignen, weil sie als das Erlebte vom Wahrgenommenen prinzipiell unterschieden sein muss. Husserl musste daher die Hyle unumgänglich als ‚ein hybrides Sein' akzeptieren. Aus diesem Grund zeigt sich die Hyle bei Husserl als ein problematisches Mo-

---

9 Sartre, *Sein und Nichts*, 31.

10 Sartre, *Sein und Nichts*, 31.

11 Ebd., 32.

12 Ebd., 31.

ment in der transzendental-phänomenologischen Auffassung der Intentionalität.

Sartres Hervorhebung der Hyle als Schwachpunkt in der Intentionalitätstheorie intensiviert unser Interesse an einer weitergehenden Untersuchung des Hyle-Begriffs bei Husserl. Die vorliegende Arbeit zielt dabei weder darauf, Sartres Auffassung der Hyle zu bestätigen noch zu widerlegen. Sartres Kritik dient lediglich dazu, den Problembereich besser zu beleuchten. Es lohnt sich insbesondere, den phänomenologischen Sinn der Hyle auf positive Weise zu verfolgen, anstatt vorschnell mit Sartre die ‚Hyle' als ein Zeichen des Scheiterns der Intentionalitätstheorie abzutun. In dieser Richtung wird die vorliegende Arbeit aufzeigen, wie die Hyle bei Husserl noch tiefere Sachverhalte des gesamten Bewusstseinslebens angeht, die die Kritiken Sartres und Gurwitschs gar nicht beachten. Die bisherigen Forschungen hierzu zeigen, wie viel Komplexität und Vielfältigkeit die Problematik der Hyle in sich birgt. Diese Forschungen nehmen meistens vielseitig Rücksicht auf die gesamte Entwicklung der Phänomenologie Husserls. Sie bieten somit auch Rückmeldungen zu denjenigen Kritiken, wie z.B. die Kritiken von Sartre und Gurwitsch, die hauptsächlich auf den Begriff ‚hyletischer Daten' im Sinne von bloßen Stoffen der Intention gerichtet sind.

2. *Zum Hyle-Begriff in Bezug zum Leben*

Es sollen nun die thematischen Richtungen der Hyletik wiedergegeben werden, die durch die bisherigen Forschungsbemühungen eröffnet und geklärt sind. Erstens behaupten manche Forscher, Husserl habe angesichts des Hyle-Begriffs in den *Logischen Untersuchungen* und den *Ideen I* eine Revision der Hyle in der genetischen Phänomenologie vollzogen. Denn das Hyletische ist aufgrund der zeitlichen Konstitutionsleistung in der assoziativen Synthese notwendig gegeben. Somit ist das Hyletische in der genetischen Perspektive ausnahmslos Sinngehalt, und zwar hängt dies damit zusammen, dass Husserl die Hyle nicht als eine unabhängige Entität im Bewusstsein, sondern als dasjenige verstanden hat, was das Ich passiv reizt.

Zweitens versteht Husserl unter Hyle auch etwas im Sinne von Erlebnisbereich, das man als das hyletische Erlebnis bezeichnen kann. Das Hyletische ergibt sich hier nicht in der reduktionistischen Art von ‚Daten', sondern als ein auf eine bestimmte Art und Weise gestaltetes ‚Erlebnis'. Diese Bestimmung findet man auch in Husserls Werken, besonders wenn man beachtet, wie Husserl in den *Ideen II* die hyletische Schicht in Zusammenhang mit dem kinästhetischen Vollzug des Empfindens gebracht hat.[13] Dieses innere Erlebnis des Be-

[13] Treffend betont Shaun Gallagher: „hyletic Experience is transcendent to the consciousness, but the transcendence is, so to speak, located on the ‚near' side of the consciousness,

wusstseins expliziert die hyletischen Schichten, die deutlich der leiblichen Grundlage entsprechen. Daraufhin birgt das hyletisch-leibliche Erlebnis eine durch den Leib selbst vermittelte Kommunikation zwischen dem Leib und seiner Umwelt. Wenn z.B. Hungern als ein hyletisches Erlebnis am Werk ist, wird die Umgebung als die Welt, in der Lebensmittel zu suchen sind, wahrgenommen. Diese funktionale Rolle des hyletischen Erlebnisses darf man nicht unterschätzen. In diesem Sinn kommt die Rede vom Hyletischen als der Kerninhalt des leiblich-weltlichen Bezugs zur Geltung.

Drittens, wenn man nach der Genese der Hyle fragt – abgesehen davon, ob oder wieweit sie sich in der anschaulichen Evidenz geben kann – verweist die Hyle unausweichlich auf den faktischen Ursprung der transzendentalen Subjektivität, m.a.W. auf die Gegenwart im Sinne der Impression als das erste Erzeugende. Die Frage nach dem faktischen Entstehen der Hyle in der Präsenz jedes Augenblicks rückt den Entwurf einer phänomenologischen Metaphysik in den Mittelpunkt, die als der letzte Grund des Erscheinens überhaupt geltend gemacht werden soll.

Es ist bemerkenswert, dass Husserl in den 30er-Jahren eine phänomenologische Metaphysik als die Reaktion auf die damalige Lebensphilosophie in Deutschland aufbauen will.[14] Unter emsiger Mitwirkung von Eugen Fink hat Husserl ein Forschungsprogramm erarbeitet, womit er eine Systemkonzeption der transzendentalen Phänomenologie zur Geltung bringen wollte. In diesem Programm verfestigt sich die progressive Phänomenologie gegenüber einer regressiven Phänomenologie, indem sich die progressive Phänomenologie die Aufgabe stellt, „die Perfektivität des transzendentalen Lebens" in Angriff zu nehmen.[15] Darüber hinaus unterscheidet sich die progressive Phänomenologie auch von der genetischen Phänomenologie und wird als eine ‚konstruktive' Phänomenologie charakterisiert.[16]

Die Frage, die die vorliegende Arbeit stellt, gehört zur Bemühung der ‚Aufbau-Analyse' der konstruktiven Phänomenologie: Wie kann die Hyle als Urfaktum dem Bewusstseinsleben überhaupt geliefert werden? Mithilfe der Forschungsergebnisse von László Tengelyi könnte diese Frage aufgeklärt werden. Er sieht das Urdatum nicht ausschließlich als das, was das Ich reizt, sondern als etwas noch Tieferes, das sich nicht in die Konstitutionsordnung des Zeitbewusstseins einfügt. Im Sinne des Letzteren macht die Hyle noch keinen Sinn

---

hyletic is an experience that belongs to the body." (Gallagher, *Hyletic Experience and the Lived Body*, 141).

14 Vgl. Hua XV, XL–XLII.

15 Hua XV, XXXIX.

16 Ebd.

aus, jedoch führt alle Sinnbildung auf sie zurück.[17] Das hyletisch impressional Erzeugende bleibt sodann als der Stachel, „der die Phänomenologie immer wieder zu neuen Untersuchungen antreibt".[18]

Die aufmerksamen Leserinnen und Leser werden bemerken, wie sich die vorliegende Arbeit am ehesten von dieser dritten Implikation des Hyletischen leiten lässt. Die Frage nach dem Ursprung aller Sinnbildung treibt die Phänomenologie Husserls zu den Grenzphänomenen, die unvermeidlich in und durch eine vorantreibende Kraft auftauchen. Somit wird eine bestimmte Auffassung des Lebens in den Mittelpunkt der vorliegenden Untersuchung der hyletischen Phänomene rücken. Bekanntlich setzte sich Husserl viel mit der Lebensphilosophie, etwa der Diltheys, auseinander.[19] Allerdings stellt sich die Frage, ob und wieweit ‚Leben' in diesem Sinne auch das Leben des transzendentalen Egos mit aufgreift. Die vorliegende Arbeit legt nahe, es falle dasjenige, das die Hyle gibt, mit dem Leben als der vorantreibenden selbst-affizierenden Kraft zusammen. Daraufhin kann aufgezeigt werden, wie diese Dimension des Hyletischen in Husserls Arbeit nicht genug enthüllt wurde.

Daher erscheint Husserl im Laufe dieser Forschungen zwar als eine Figur, von der ausgegangen und zu der auch ständig zurückgekehrt wird, aber nicht als eine absolute Autorität, deren Methodik blind und unkritisch verfolgt wird. Um diesen angedeuteten Tiefsinn der Hyle in Husserls Werken zu erläutern, ist gefordert, Husserl ins Gespräch mit anderen Phänomenologen zu bringen. Zu diesen zählt zunächst Michel Henry als erster inspirierender Gesprächspartner, denn seine kritische Arbeit bezieht sich direkt auf Husserls Begriff der Hyle bzw. der Impression. Davon ausgehend eröffnet er eine nicht-intentionale Dimension der Hyle mit Bezug auf die absolute Subjektivität. Neben Henry wird später auch die philosophische Anthropologie Max Schelers herangezogen, die bislang in der Diskussion der phänomenologischen Theorie der Subjektivität oft ignoriert wurde. Innerhalb des Rahmens, in dem das Gespräch zwischen Husserl und Henry durchgeführt wird, wird die Möglichkeit gewonnen, auf

---

17 Vermittels Michel Henrys Auffassung der ‚Impressionalität' schreibt Tengelyi mit voller Beachtung Husserls eigener Position: „Achtet man nur auf das erwähnte Widerspiel, so muß man sagen, daß das «Urdatum» überhaupt nicht von sich weg-, vielmehr in sich selbst zurückweist. Es zeigt deshalb nicht die Struktur *quid pro quo*, geschweige denn die Struktur *qui pro quo*. Es ist eine «Urzeugung», die wie Husserl betont, «keinen Keim hat». So ist es noch nicht Sinn; es ist vielmehr das Inchoative und Elementare, worauf alle Sinnbildung zurückweist." (Tengelyi, *Zeit und Empfindung. E. Husserl, E. Lévinas, M. Henry*, 75–76).

18 Tengelyi drückt dies so aus: „Dieser Einsicht entspricht, dass Husserl in den *Analysen zur passiven Synthesis* an der unaufhebbaren Sonderstellung der Urimpression festhält. Selbst wenn sie als Urassoziation aufgefasst wird und selbst wenn ihr noch so wichtige Strukturen für die intentionale Analyse abgewonnen werden können, bleibt die Urimpression als letzte Quelle aller affektiven Kraft das bewusstseinsfremd Gewordene, Empfangene. Daher bleibt sie zugleich der Stachel, der die Phänomenologie immer wieder zu neuen Untersuchungen antreibt." (Tengelyi, *Urimpression und Urassoziation*, 56).

19 Vgl. Hua XV., XLVII–XLVIII.

Schelers Bestimmungen des Lebensdrangs bzw. seine Abstufung des Lebewesens zu rekurrieren. Angesichts der automotorischen und selbstaffizierenden Dimension der Subjektivität bietet uns Scheler eine alternative Konzeption an, die zwar noch nicht reflexiv ergriffen wird, aber die noch als originär gelten kann.[20] Hiernach wird auch Henrys Konzeption der absoluten Subjektivität aus Schelers Perspektive kritisch betrachtet werden.

3. *Zusammenhang und Fazit der gesamten Arbeit*

Es soll hier kurz auf den Inhalt der folgenden fünf Kapitel eingegangen werden. Das erste Kapitel beginnt mit einer Skizze der Entwicklung des Hyle-Begriffs in den Hauptwerken Husserls. Anschließend wird eine kritische Auseinandersetzung des Schemas ‚Auffassung-Auffassungsinhalt' hinsichtlich der Hyle geführt, wobei die Kritik Aron Gurwitschs an Husserls Hyle-Begriff bedacht wird. Diese vertiefte Analyse der Konstitutionsleistung der Empfindung führt dann auf das innere Zeitbewusstsein. In den *Vorlesungen zum inneren Zeitbewusstsein* und ihren zahlreichen Beilagen erreicht Husserl den Höhepunkt seiner Analyse zur sinngebenden Subjektivität. Es wird hervorgehoben, wie sich das Hyletische mit der Gegebenheit der Impression bzw. einer besonderen Bewusstseinsform, dem ‚Urbewusstsein', verbindet. Husserl setzt dieses impressionale Bewusstsein jedoch noch tiefer als die intentionale Zeitordnung an.

Das zweite Kapitel zeigt, warum Husserls Analyse des Zeitbewusstseins nicht als gelungener Versuch der Begründung der absoluten Subjektivität überzeugen kann. Husserl hält das Kontinuum zwischen den innerlichen Zeitphasen in der analytischen Beschreibung für selbstverständlich. Angesichts des Anspruchs auf die Begründung des bruchlosen ‚Bewusstseinsflusses' fehlt aber an dieser Stelle eine hinreichende Erklärung, wie diese Kontinuität im ‚Bewusstseinsfluss' überhaupt entsteht. Hier werden die Kritiken von Michel Henry und Paul Natorp angeführt, um zu zeigen, wie die ursprüngliche Stiftung der Kontinuität des Zeitbewusstseins auf etwas verweist, das der intentionalen Zeitstruktur zugrunde liegt.

Das dritte Kapitel widmet sich der materialen Phänomenologie Michel Henrys, insbesondere seiner Radikalisierung von Husserls Auffassung der Hyle. Henrys kritische Auseinandersetzung mit Husserl arbeitet einen nicht-intentionalen Bereich heraus, der sich nach Henrys Meinung nicht durch Husserls Beschreibung der immanenten Sphäre des Subjekts erfassen lässt. Die Materie, die den ekstatischen Weltbezug nicht miteinbezieht, grenzt er gegen Husserls Hyle

[20] Iso Kern hebt hervor, dass die Beobachtung der intentionalen Züge des Verhaltens, die Scheler und andere, z.B. Plessner und Merleau-Ponty, vollziehen, keine Introspektion betrifft, sondern unmittelbar anschaulich gegeben ist. Vgl. Kern, *Idee und Methode der Philosophie*, 24–26.

ab. Sie entspricht in Henrys Konzeption der Selbstaffektion der absoluten Subjektivität und parallel der Realität des Lebens. Die Schwierigkeit liegt aber dann in der Frage, wie diese Affektivität des Lebens in ihrer isolierten Selbstheit Zugang zur Welt gewinnen kann. Trotz dieser Schwierigkeit kann man aber anhand Henrys Ansatz die Bedeutsamkeit der ‚Hyle' für eine phänomenologische Metaphysik erläutern.

Im vierten Kapitel wird die Hyle bzw. ‚Urhyle' in Bezug auf die Triebintentionalität in den Manuskripten Husserls aus den 1930er-Jahren thematisiert. Die komplexen Gebräuche des Hyle-Begriffs in dieser Schaffensperiode Husserls werden geklärt. Dabei wird auch aufgezeigt, wie die Anwendungen des Hyle-Begriffes mit den Stufen des Lebewesens in der philosophischen Anthropologie Schelers in zahlreichen Aspekten übereinstimmen. Zudem wird die Rede von der ‚Totalität der Hyle' bei Husserl hervorgehoben, die eine noch undifferenzierte Einheit des menschlichen Lebens zum Ausdruck bringt. Die These dabei lautet, dass Husserls Totalität der Hyle auf Schelers Gefühlsdrang verweist, der die Kraftquelle bzw. die Einheit des Lebens verbürgt. Zum Ende dieses Kapitels wird auf Husserls Gedanken zum Themenfeld ‚Mensch, Tier und Pflanze' eingegangen, das in der Lehre der transzendentalen Monade auftritt. Dabei ist für die Phänomenologie Husserls gefordert, den Begriff des Lebens überhaupt zu begründen, damit Husserl die lebendige Monade in der phänomenologischen Perspektive von Naturding unterscheiden kann.

Das fünfte und letzte Kapitel thematisiert das Realitätsproblem bei Husserl. Zuerst wird dort herausgestellt, wie sowohl Dilthey als auch Scheler, trotz ihrer Diskrepanzen, beide durch das Wechselspiel von ‚Impuls und Widerstand' das Realitätsproblem angehen. Hiernach wird Husserls Lösung des Realitätsproblems erwogen. Für Husserl ist die Realität des Gegenstandes maßgeblich durch die doxische Seinssetzung verbürgt, die sich in den einstimmigen Erscheinungsreihen bewährt. Zudem wird mithilfe von Manuskripten aus den 1930er-Jahren gezeigt, wie das Reale nicht nur die vernünftige Seinssetzung des Objekts, sondern auch die passiv instinktmäßige Aufbauschicht des menschlichen Lebens tangiert. Mit dieser neuen Entwicklung kommt Husserl zwar dem Ansatz Schelers näher, jedoch bleibt als wesentlicher Unterschied, dass Husserl das Reale nicht in Bezug auf das Widerstandserlebnis konzipiert. Mit Dilthey und Scheler im Hintergrund stellt sich anschließend die Frage, ob bei der Bestimmung der Hyle die Dimension des Widerstands fehlen darf, wenn man den eigentlichen Sinn des ‚Realen' erfassen will. Aus Schelers Sicht schließt die ursprünglich nicht-intentionale Gegebenheit der Hyle in sich notwendig die Weltbezüglichkeit ein, die als das erste Widerstehende aufgefasst werden soll. Diesbezüglich wird hier auch Henrys Befürwortung der nicht-welthaften Affektivität problematisiert. Um die nicht-intentionale Selbstaffektion zu gewinnen, setzt Henry die intentionale Welteröffnung aufs Spiel. Jedoch darf die Weltbezüglichkeit der Subjektivität in Anbetracht des Widerstandserlebnisses auf keinen Fall verlassen werden.

Das Fazit dieser experimentellen Untersuchung lautet: Die Hyle ist in ihrem ursprünglichsten Sein in jedem Augenblick fest mit dem Realsein zwischen dem ‚hin zum Leben' und seinem ‚Widerstand' verwurzelt. Dank des nicht differenzierten Realseins, das als der unsichtbare Boden für die Subjektivität gilt, können sich der intentionale Bezug zwischen dem Subjekt und der Welt sowie die dem intentionalen Bezug entsprechende Konstitution des hyletischen Gehaltes ereignen.

1. Husserls Bestimmung der Hyle

Der Ansatzpunkt, um die Problematik der Hyletik in der Phänomenologie Husserls angemessen anzugehen, erfordert zuerst eine klare Klassifikation der Anwendungen des Ausdrucks ‚Hyle'. Wie man schnell feststellt, wird der Ausdruck ‚Hyle' (bzw. ‚hyletisch') im Zuge der langjährigen Arbeit Husserls uneinheitlich verwendet. Je nach phänomenologischer Forschung hängt die Bedeutung von Hyle mit dem konkreten Kontext zusammen. So kann man merken, dass ‚Hyle' beispielsweise nicht einfach mit Empfindungsdaten gleichgesetzt werden darf. Vielfach lässt sie sich sogar über das überlieferte enge Verständnis von Sinnlichkeit hinausdeuten und muss als das wesentliche Bestandsstück der Urtatsache der Subjektivität verstanden werden. Im nachfolgenden Kapitel soll zunächst das gesamte Spektrum an verschiedenen Aspekten der Hyle und der komplexen Verflechtungen des Hyletischen aufgezeigt werden. Davon ausgehend macht dieses Kapitel den Versuch, einen grundlegenden Rahmen für das metaphysische Verständnis der Hyle zu entwickeln.

1.1 Die hyletischen Daten in Husserls Werk

Der Ausdruck ‚Hyle' kommt bei Husserl erstmalig in Kapitel 8 der *Vorlesungen zum inneren Zeitbewusstsein* vor. Ein Ton wird dort als ein „hyletisches Datum" im Hinblick auf die konstituierte Dauereinheit bezeichnet.[1] Mit dieser neuen Ausdrucksform verbindet Husserl aber nicht etwa eine neuartige Bedeutung. Hyletisches Datum meint an dieser Stelle nichts anderes als das Empfindungsdatum, das schon als primärer Inhalt mit Bezug auf die Bestimmung der intentionalen Struktur in der fünften der *Logischen Untersuchungen* aufgetaucht ist.

In den *Logischen Untersuchungen* gehören die Empfindungsdaten vor allem zu den sogenannten immanenten Inhalten des intentionalen Aktes, die als synonym mit dem reellen Bestand des intentionalen Erlebnisses angesehen werden können. Es muss betont werden, dass das Empfindungsdatum selbst keinen intentionalen Charakter aufweist, denn es unterscheidet sich wesentlich vom Gegenstand, der im intentionalen Akt vorgestellt wird. Die Empfindungsdaten fungieren vielmehr als die „notwendigen Anhaltspunkte" für den vorstellenden Intentionsakt.[2] Die Intention schafft also den Bezug zum erscheinenden Gegenstand anknüpfend an diese immanenten Inhalte. Den Unterschied zwischen der Empfindung und dem intentionalen Gegenstand stellt Husserl beispielsweise

[1] Hua X, 24.
[2] Hua XIX/1, 374.

so dar: „Ich sehe nicht Farbempfindungen, sondern gefärbte Dinge, ich höre nicht Tonempfindungen, sondern das Lied der Sängerin usw."[3]

Abgesehen von der wesentlichen Unterscheidung zwischen den Empfindungsdaten und den intentionalen Eigenschaften des Gegenstandes ist zu bemerken, dass Husserl die Empfindung im Hinblick auf den ganzen Bereich des Bewusstseins in Betracht zieht. Selbstverständlich betrifft ‚Bewusstsein' dabei nicht nur die intentionalen Auffassungsakte, die das Wahrnehmen und das auf einen bestimmten Gegenstand bezogene Gefallen einschließen, sondern auch die nicht-intentionalen Erlebnisse, die sich auf keinen klaren Vorstellungscharakter richten. Beispiele für solche Empfindungen sind laut Husserl Schmerz und Lust sowie Begehren und Wollen im Rahmen der natürlichen Instinkte. Husserl betont, „daß sie [die Schmerz- und Lustempfindungen] bestenfalls darstellende Inhalte oder auch Objekte von Intentionen, aber nicht selbst Intentionen sind."[4] Mit dieser Erweiterung des Beobachtungsumfangs gegenüber den klassischen fünf Sinnen umgrenzt Husserl gleichzeitig die Empfindung als besonderen Bereich im Bewusstsein gegenüber dem erkenntnistheoretisch orientierten Intentionalitätsbewusstsein. Sowohl die Schmerz- und Lustempfindung als auch die emotionale Freude oder Traurigkeit ergeben sich nicht im vorstellungsmäßigen Akt, obwohl diese nicht-intentionalen Empfindungen nachträglich objektiviert werden können. Darum sieht Husserl diesen Bereich von Empfindungen als eine Sphäre, die einerseits nicht als ein leeres Nichts verworfen werden kann, andererseits aber nicht einfach als ein Bewusstseinsakt wie andere verstanden werden darf. Husserl betont schon in der zweiten der *Logischen Untersuchungen* diesbezüglich: „Daß der zugehörige Belauf an Empfindungen oder Phantasmen erlebt und in diesem Sinne bewußt ist, besagt nicht und kann nicht besagen, daß er Gegenstand eines Bewußtseins in dem Sinne eines darauf gerichteten Wahrnehmens, Vorstellens, Urteilens ist."[5] Somit kommen fast alle wichtigen Momente der Hyle schon in der erstmaligen Bestimmung der Empfindung in den *Logischen Untersuchungen* vor.

In den *Ideen I* wird dann der Terminus ‚Hyle' öfters erwähnt. Der neu gebrauchte Ausdruck entspringt dabei nicht zuletzt der neuen theoretischen Motivation, die transzendentale Phänomenologie aufzubauen. Daher findet sich hier auch eine ausführliche Erklärung des Begriffs der Hyle im Rahmen der transzendentalen Phänomenologie. Husserl führt sie an der Stelle in die phänomenologische Thematik ein, wo er die Analyse der Struktur von Noesis-Noema als das Forschungsprogramm formuliert. Das Hyletische wird dabei definiert als das, was mit der noetischen Morphe die konkrete Noesis formt. Nach den Formulierungen in den *Ideen I* liegt der Schwerpunkt für Husserl darin, dass die Sinnlichkeit vermittels des funktionalen Begriffes der ‚Hyle' deutlich über den

[3] Ebd.

[4] Ebd., 393.

[5] Hua XIX/1, 161.

erkenntnistheoretischen Kontext hinaus erweitert wird. Die Sinnlichkeit, bzw. die Hyle, erfasst nicht nur die Daten „in der normalen äußeren Wahrnehmung", sondern auch die sinnlichen Gefühle und Triebe, die trotz der Verwandtschaft mit der wahrnehmungsmäßigen Sinnlichkeit „ihre eigene Gattungseinheit" haben.[6] Verglichen mit dem, was Husserl in den *Logischen Untersuchungen* schon mit der erweiterten Konzeption der Empfindung ausgedrückt hat, verwundert diese Charakterisierung der Sinnlichkeit nicht. Aber im Anschluss an diese Erweiterung der Sinnlichkeit stellt Husserl in den *Ideen I* auf dem Boden der transzendentalen Reduktion fest: „Jedenfalls spielt im ganzen phänomenologischen Gebiet (im ganzen – innerhalb der beständig festzuhaltenden Stufe konstituierter Zeitlichkeit) diese merkwürdige Doppelheit und Einheit von sensueller Hyle und intentionaler Morphe eine beherrschende Rolle".[7] Dementsprechend trennt Husserl „den Strom des phänomenologischen Seins" in zwei Schichten, eine stoffliche und die andere noetische.[8] Husserl bestimmt die stoffliche Schicht vor allem als abschattende Mannigfaltigkeit im Gegensatz zur identischen Erscheinung der noematischen Gegenstände. Die Leistung des Intendierens von der Mannigfaltigkeit der Sinnlichkeit zur Identität der Wahrnehmung charakterisiert Husserl als Auffassung, bzw. als auffassende Beseelung der Hyle, oder auch als das Vermeinen usw. Hier wird klar, dass Husserl das Hyletisch-Phänomenologische gegenüber dem Noetisch-Phänomenologischen anders wertet. Die phänomenologische Untersuchung interessiert sich vor allem für die Wesenslehre des transzendentalen Bewusstseins, dessen ‚Stoffe' trotz ihrer Unentbehrlichkeit der Wesensanalyse untergeordnet bleiben. Zusammenfassend kann festgestellt werden, dass Husserl in den *Ideen I* schon sehr deutlich die Eigenart der Hyletik charakterisiert. Doch vernachlässigt er die phänomenologische Frage nach der Besonderheit der Hyletik.

Ein weiterer Zugang zur konkreten Bestimmung der Hyletik bahnt sich in den *Ideen II* an. In Bezug auf die Studien zum Konstitutionsproblem ist die Hyle in ihrer Verbundenheit mit der kinästhetischen Konstitution des Leibes zum Thema geworden. Eine argumentative Funktion zugunsten der Hyle liegt in den *Ideen II* darin, dass die hyletische Unterlage in gewisser Weise mit ihrer kinästhetischen Empfindung im gesamten Bewusstsein eines Menschen innerlich verbunden ist. Mit dieser ‚hyletischen Unterlage' bringt Husserl sowohl die primären Empfindungen bezüglich der raumdinglichen Wahrnehmung als auch das Empfindnis im Begehren und im Willensleben in einen wesentlichen Zusammenhang.[9] Husserl versteht dabei die hyletische Unterlage einerseits leiblich, andererseits sieht er sie aber auch als einen Bewusstseinszustand. Darüber hinaus ist festzustellen, wie Husserl in den *Ideen II* die Abhängigkeit der Emp-

---

[6] Hua III/1, 193.
[7] Ebd., 192.
[8] Ebd., 196.
[9] Vgl. Hua IV, 153.

findungen von den Sinnesorganen und dem Nervensystem hervorhebt. Es heißt bei Husserl: „Empfindungsdaten können nur auftreten, wenn „in objektiver Wirklichkeit“ Sinnesorgane sind, nervöse Systeme usw.“[10] Trotz dieser Bestätigung des Wirklichkeitsbezugs macht Husserl darauf aufmerksam, der Gehalt der Empfindung müsse nach dem Wesensgesetz des Bewusstseins, genauer gesprochen, nach der vorgezeichneten Form der Retention des Zeitbewusstseins, bestimmt werden. Die Empfindung lässt sich also nicht auf das physiologische Datum durch die Sinnesorgane und das Nervensystem reduzieren und sie lässt sich auch nicht mit dem physiologischen Reiz am Körper einfach gleichsetzen, obwohl sie mit ihm fortwährend korreliert. In dieser Hinsicht bleibt es fragwürdig, wie der Empfindungsgehalt im physiologischen Sinne überhaupt bedingt ist.[11]

In den *Analysen zur passiven Synthesis* sowie in *Erfahrung und Urteil* ist die Charakterisierung des Hyletischen bei Husserl in besonderer Weise durch die Entwicklung der genetischen Phänomenologie geprägt. Die phänomenologische Analyse umfasst den ganzen Umfang der Bewusstseinsimmanenz, wobei die Zeitlichkeit als das letztgültige Konstitutionsprinzip festgehalten wird. Das Hyletische wird in der Folge als das zeitlich Konstituierte aufgefasst:

> Jedes konkrete Erlebnis ist eine Werdenseinheit und konstituiert sich als Gegenstand im inneren Bewußtsein in der Form der Zeitlichkeit (vgl. § 42, c). Das gilt schon für alle immanenten Empfindungsdaten, es gilt aber auch weiter für die sie umspannenden Apperzeptionen und ebenso für alle sonstigen intentionalen Erlebnisse.[12]

Aus genetischer Perspektive ergeben sich also die Empfindungsdaten in der Wahrnehmung nicht als bloße Stoffe, sondern als immer schon zeitlich konstituierte Sinneinheiten. Die Sinneinheit lässt sich zwar nicht mit der Qualität des Auffassungsdings gleichsetzen, aber Husserl stellt deutlich heraus, dass sie Gegenstände der phänomenologischen Betrachtung sind.[13] Laut Husserl eignet sich die sinnliche Einheit mehr oder weniger die zeitliche Dauer an. Die Dauer eines Empfindungsdatums ist laut Husserl „eine individuelle Dauer“.[14] Dazu schreibt Husserl:

---

[10] Hua IV, 289.

[11] Vgl. Hua IV, 293.

[12] Husserl, *Erfahrung und Urteil*, 304.

[13] Mit ‚Gegenstand‘ meint Husserl kein Zwischen-Objekt im Wahrnehmungsvorgang, sondern den Gegenstand im phänomenologischen Abbau: „Die Rede von Gegenständen ist hier freilich nur mit Vorbehalt zulässig. Denn im natürlichen Ablauf der äußeren Wahrnehmung haben wir die Empfindungsdaten nicht gegenständlich, sondern sind durch sie hindurch auf die in ihnen erscheinenden, sich „abschattenden“ Wahrnehmungsdinge gerichtet. Zu Gegenständen im eigentlichen Sinne (thematischen Gegenständen) werden sie erst in der Reflexion durch einen abstraktiven Abbau“ (Husserl, *Erfahrung und Urteil*, 306).

[14] Husserl, *Erfahrung und Urteil*, 305.

> Bleiben wir zunächst bei den ersteren, damit der Gegensatz um so deutlicher werde. Individuelle, raumdingliche Gegenstände konstituieren sich durch „Auffassung", „Apperzeption" von Empfindungsdaten. Schon diese als immanente sinnliche Daten haben ihre Zeit als eine zu ihrem individuellen Wesen gehörige Form, und zwar hat jedes solche Datum nicht nur das allgemeine Wesen „Dauer", sondern seine individuelle Dauer, seine Zeit [...]. Jedes neu auftretende bringt sozusagen neu seine Zeit mit sich, und diese neue Zeit ist alsbald ein Stück der einen, sich fortentwickelnden Zeit: alle Gegenstände dieser „Welt" der immanenten Sinnlichkeit bilden eine Welt, und diese Welt ist zusammengehalten durch die zu ihr selbst gehörige, also gegenständliche Form der Zeit. Also wie alle Gegenstände haben auch die Empfindungsgegenstände ihre Gegebenheitszeit.[15]

An dieser Stelle erfolgt bei Husserl eine neue Bestimmung des Empfindungsdatums hinsichtlich seines in der zeitlichen Konstitution konstituierten Wesens. Diese Analyse des Empfindungsdatums führt Husserl allerdings nicht dazu, das Schema ‚Auffassung-Auffassungsinhalt' bei der objektivierenden Dingwahrnehmung aufzugeben. Husserl hält vielmehr daran fest: „Individuelle, raumdingliche Gegenstände konstituieren sich durch ‚Auffassung', ‚Apperzeption' von Empfindungsdaten."[16]

1.2 *Hyle und das Schema ‚Auffassung-Auffassungsinhalt'*

Husserl entwickelt in den *Ideen I* die Unterscheidung zwischen Noesis und Noema in der Analyse der korrelativen Konstitution. Dazu gehört auch die untergeordnete, stoffliche Ausscheidung auf der noetischen Seite. Wir haben oben schon erwähnt, dass nach Husserl das hyletische Datum und seine Beseelung zwei verbundene Elemente der Noesis bilden, vermittels deren der intentionale Bezug auf das transzendente Objekt und auch seine identischen Qualitäten ermöglicht wird. Letztere strukturelle Unterscheidung, die durch die Erlebnisreflexion zum Vorschein kommt, bezeichnet das Schema ‚Auffassung und Auffassungsinhalt' (im Folgenden: ‚das Schema'). Die Hyle wird hinsichtlich des Schemas als die inhaltliche Dimension des Bewusstseinsaktes bezeichnet, die aber wesentlich zu unserem immanenten Erlebnis gehört.[17] Diesbezüglich gehen wir im Folgenden allererst darauf ein, die funktionale Rolle der Hyle im Hinblick auf das Schema zu untersuchen.

---

15 Husserl, *Erfahrung und Urteil*, 305.
16 Ebd.
17 Vgl. Føllesdal: *Intentionalität und Ihr Gegenstand*, 151; Manfred Sommer betont, dass die Empfindung als Bewusstseinsinhalt mit Icherlebnissen gleichgesetzt wird. Vgl., Sommer: *Leben aus Erlebnissen*, 71–72.

Das Hyletische zeigt sich zunächst als die grundlegende Schicht des Empfindens in der sinnlichen Wahrnehmung.[18] Aufgrund dieser Unterscheidung von Inhalt und Form ist es möglich, die grundlegende Differenz zwischen dem Gegebenen und dem Gemeinten zur Geltung zu bringen.[19] An dieser Stelle handelt es sich um zwei Schwerpunkte in der allgemeinen Fragestellung. Erstens, ob man mit dem Schema im Rahmen der erkenntnistheoretischen Analyse der Wahrnehmung erklären kann, wie das Bewusstsein als reell-immanenter Zusammenhang allein aus reell-immanenten Stoffen und reell-immanenten Auffassungen ein wahrgenommenes Objekt hervorbringen kann. Diese Frage stellt sich umso mehr, wenn sich die sinnentbehrenden Stoffe von der Sinngebung so scharf unterscheiden sollen. Zweitens: Wie soll man die Rolle des Schemas in der Gedankenentwicklung Husserls verstehen, besonders vor dem Hintergrund des Übergangs von der statischen zur genetischen Phänomenologie?

1.2.1 Gurwitschs Kritik an Husserls Auffassung der Sinnesdaten

Der Hyle-Begriff, soweit er im Schema auftritt, wird bekanntlich für sehr problematisch gehalten. Die Kritik von Sartre haben wir schon in der Einleitung dargestellt. Hier gehen wir nicht weiter auf sie ein, denn seine Kritik ist zwar sehr scharfsinnig, aber zu sehr seiner eigenen Konzeption der Intentionalität geschuldet. Sartres Kritik ist wie gesehen vor allem auf die unbefriedigende Erklärung des ontologischen Status der Hyle gerichtet. Daraufhin hält Sartre die Hyle für ungenügend bestimmt innerhalb einer Theorie der Intentionalität. Statt der negativistischen Auffassung der Hyle durch Sartre, beschäftigen wir uns mit Gurwitschs Kritik an Husserls Hyle-Begriff. Im Vergleich zu Sartre vertritt Gurwitsch eine mäßige Position, indem er eine Revision zum Begriff ‚Hyle' vorschlägt.

Husserl geht in den *Ideen I* auf die Hyletik ein, weil er betonen will, dass die Hyle funktionell als ‚mögliche Einschläge' für ‚das intentionale Gewebe' bzw. möglicher ‚Stoff' für ‚intentionale Formungen' anzusehen ist. Parallel stellt er aber heraus: Die reine Hyletik „hat übrigens den Charakter einer in sich ge-

---

18 ‚Schicht' bzw. ‚Stufe' sind geomorphologisch inspirierte Metaphern, deren Bedeutung Husserl nicht befriedigend präzisiert hat. Die Schicht bedeutet nicht nur die Perspektive und Dimension, sondern auch die Richtung vom Oberen bis zum Unteren. Solche Begriffe zielen darauf ab, den strukturierten Aufbau des Bewusstseins der Konstitutionsleistung nach zu enthüllen. Zum Begriff ‚Stufe' findet man bei Luis Niel eine eingehende Erläuterung. Vgl. Niel: *Absoluter Fluss, Urprozess, Urzeitigung*, 44–47.

19 Melle argumentiert, dass die Differenz zwischen dem Gegebenen und dem Gemeinten durch das Schema gerechtfertigt wird. Er kritisiert aber Husserl dahingehend, das Schema impliziere „einen phänomenologisch nicht ausweisbaren Wahrnehmungsbegriff". Ferner, dass „die hyletischen Daten keine konkret aufweisbaren sind, seien es reell immanente, seien es transzendente Gegebenheiten. Sie sind vielmehr bloße Konstrukte und als solche Resultat einer bestimmten methodischen Verrichtung an der Wahrnehmung." (Melle: *Das Wahrnehmungsproblem und seine Verwandlung in phänomenologischer Einstellung*, 51).

schlossenen Disziplin, hat als solche ihren Wert in sich […].“[20] Es bleibt jedoch unbestimmt, in welchem Sinne die hyletischen Daten phänomenologisch erkennbar und nachweisbar sind. Gurwitsch hat genau diese Unklarheit aufgegriffen. Er geht davon aus, Husserl habe die Komplexe der hyletischen Daten von der objektivierenden Auffassung scharf getrennt. Dadurch droht Husserls Wahrnehmungstheorie, in einen Dualismus zu geraten. Gurwitsch zufolge darf man eine dualistische Analyse der Wahrnehmungsstruktur nicht akzeptieren. Diesbezüglich meint er, Husserls Analyse der Intentionalitätsstruktur benötige eine Uminterpretation, die er mithilfe der Befunde der Gestaltpsychologie vollziehen will.[21]

Die Schwierigkeit besteht laut Gurwitsch darin, dass sich der Dualismus Husserls in eine fehlerhafte Voraussetzung verstrickt, nämlich die Konstanzannahme der hyletischen Daten. Gurwitsch geht dabei davon aus, Husserl habe trotz der phänomenologischen Reduktion die Sinnesdaten als etwas schlechthin Identifizierbares angenommen. Der Beweis, dass Husserl an der Identität der Sinnesdaten festhält, bezieht sich auf das Beispiel von zweideutigen Wahrnehmungen. Husserl beschreibt in *Erfahrung und Urteil* zwei Auffassungsmöglichkeiten (Mensch oder Puppe), obwohl „[e]in und derselbe Bestand an Empfindungsdaten“ zugrunde liegt.[22] Beiden Auffassungsmöglichkeiten stehen in Konkurrenz und die eine kann die andere nicht einfach durchstreichen. Derartiges geschieht oft im Alltagsleben: Man zweifelt beispielsweise kurz, ob im Schaufenster ein ‚Mensch‘ gerade neu dekoriert oder ob dort eine täuschend echt ‚bekleidete Puppe‘ steht.[23] Dabei nimmt Husserl an, man erlebe jeweils dieselben Empfindungen und fasse sie nur anders auf. Gurwitsch schreibt:

> Immerhin erhält der von uns gezogene Schluß eine Bestätigung durch Husserls These, daß nichts in den hyletischen Daten unzweideutig ihre objektive Bezogenheit bestimmt, sondern daß im Gegenteil derselbe Komplex hyletischer Daten wechselnde Deutungen erfahren kann, so dass sich ganz verschiedene Gegenstände in den dieselben Sinnesdaten enthaltenden Wahrnehmungsakten darstellen können.[24]

Daraus schließt Gurwitsch, dass sich die hyletischen Daten auf die Konstanzannahme festlegen, die im psychologischen und philosophischen Denken oft als falsche Hypothese unbemerkt bleibt. Gurwitsch hebt hervor, die Konstanzannahme zeige sich bei Husserl daran, wie Husserl die Sinnlichkeit im engen Sinne als „das phänomenologische Residuum des in der normalen äußeren Wahrnehmung durch die ‚Sinne' Vermittelten“ versteht.[25] Und diesem Residuum als etwas Eigenständigem entspricht auch ein eigenes Gattungswesen bzw. ein

---

[20] Hua V, 199.
[21] Gurwitsch, *Bewusstseinsfeld*, 221.
[22] Husserl, *Erfahrung und Urteil*, 100.
[23] Husserl, *Erfahrung und Urteil*, 100.
[24] Gurwitsch, *Bewusstseinsfeld*, 219.
[25] Hua III/1, 193.

Grundbegriff der Phänomenologie. In Gurwitschs Sicht soll im Rahmen der phänomenologischen Reduktion keine Rede vom Residuum sein. Davon ausgehend unterbreitet Gurwitsch den Vorschlag, dass sich der Innenhorizont der Wahrnehmung vielmehr als Gestaltgebilde abzeichne. Zu diesem Punkt führt er noch weiter aus: „Wir stoßen hiermit auf eine charakteristische Eigenart von Gestaltgebilden: die Modifikation eines Teiles zieht die Modifikation anderer Teile nach sich oder kann sie wenigstens nach sich ziehen".[26] Daher problematisiert er die Existenz identischer Sinnesdaten, die irgendwie im Laufe der Wahrnehmung beharren. Falls die Sinnesdaten als etwas Identisches angenommen werden, dann ist es laut Gurwitsch unvermeidlich, dass die Auffassung der identischen Sinnesdaten „von außen her auferlegt" werden muss.[27] In diesem Zusammenhang sieht Gurwitsch das Schema Husserls als einen Dualismus an, der in sich die zwei voneinander unabhängigen Elemente trägt. Noetisch betrachtet bearbeitet die Auffassung die Daten nur äußerlich, damit das Wahrnehmungsobjekt hervorgebracht werden kann.

Die Kritik Gurwitschs eröffnet uns eine Perspektive, in der wir über Husserls Schema produktiv nachdenken können. Zuerst muss der Bereich umgrenzt werden, in dem das Schema in Husserls Argumentation angesetzt werden kann. Husserl bestimmt das Forschungsziel der phänomenologischen Analyse wie folgt:

> Bewußtsein ist nicht ein Titel für „psychische Komplexe", für zusammengeschmolzene „Inhalte", für „Bündel" oder Ströme von „Empfindungen", die, in sich sinnlos, auch in beliebigem Gemenge keinen „Sinn" hergeben könnten, sondern es ist durch und durch „Bewußtsein", Quelle aller Vernunft und Unvernunft, alles Rechtes und Unrechtes, aller Realität und Fiktion, alles Wertes und Unwertes, aller Tat und Untat. Bewußtsein ist also toto coelo verschieden von dem, was der Sensualismus allein sehen will, von dem in der Tat an sich sinnlosen, irrationalen – aber freilich der Rationalisierung zugänglichen – Stoffe. Was diese Rationalisierung besagt, werden wir bald noch besser verstehen lernen.[28]

Husserl will zweifelsohne mit dem Schema die Bewusstseinsleistung zur Geltung bringen. Die Betonung des phänomenologischen Bewusstseinsbegriffs mit seiner Kernbedeutung der Rationalisierung steht für eine klare Ablehnung der rein sensualistischen Auffassung der Stoffe. Demzufolge kann die phänomenologische Empfindung als Bestandteil des phänomenologischen Bewusstseins nicht selbstständig außerhalb der rationalen Auffassung verbleiben. Die phänomenologische Analyse zeigt also, dass die Rede von Sinnesdaten sinnvoll sein könnte, aber nur, wenn die Sinnesdaten von sich aus eine Ansatzstelle für die

---

[26] Gurwitsch, *Bewusstseinsfeld*, 220–221.

[27] Gurwitsch schreibt: „Um an der Identität der Sinnesdaten gegenüber verschiedenen apperzeptiven Deutungen festzuhalten, muß ‚Organisation' als den Sinnesdaten von außen her auferlegt aufgefaßt werden, die dadurch in ihrem phänomenalen Bestand freilich nicht betroffen werden." (Gurwitsch, *Bewusstseinsfeld*, 219).

[28] Hua III/1, 196–197.

Rationalisierung haben. Allen Sinn entbehrende Sinnesdaten, denen die Organisation ‚von außen her' verliehen werden müsste, sind damit das, was Husserl als ‚Sensualismus' ablehnt. Husserls Kritik am Sensualismus fällt somit aber mit der Kritik Gurwitschs an Husserls Hyle-Begriff zusammen. Gurwitschs Kritik verfehlt also Husserls Hyle-Konzeption.

In der Folge stellt sich aber die Frage: Bedeutet dies, Husserls Anwendung des Hyle-Begriffs sei ganz und gar ohne eine solche Konstanzannahme gedacht? Eine Antwort dieser Frage ist nicht leicht zu geben. Gurwitsch berichtet, dass er versucht habe, Husserl zu überzeugen, die Hyle berge unkritisch die Konstanzannahme in sich. Aber sie sind dabei zu keiner Einigung gekommen.[29]

Trotz dieser Unklarheit können wir aber feststellen: Husserl stellte das Schema vor allem unter dem Gesichtspunkt der Funktion auf. Er schreibt: „An die Stelle der an den einzelnen Erlebnissen haftenden Analyse und Vergleichung, Deskription und Klassifikation, tritt die Betrachtung der Einzelheiten unter dem „teleologischen" Gesichtspunkt ihrer Funktion, „synthetische Einheit" möglich zu machen.[30] Dem entspricht eine methodische Festlegung der phänomenologischen Betrachtung. Die Einzelheiten werden in der phänomenologischen Reflexion vor allem im Hinblick auf die ‚synthetische Einheit' betrachtet. Somit fasst Husserl die „sensueller ὕλη" und „die intentionaler μορφή" wesentlich als „eine merkwürdige Doppelheit und Einheit" auf.[31] In dieser Hinsicht deuten die Ausdrücke Husserls, wie z.B. „formlose Stoffe und stofflose Formen"[32] nicht auf zwei Komponenten, die zunächst nichts miteinander zu tun haben, sondern vielmehr auf zwei Momente, die ihrem Wesen nach korrelative Schichten im einheitlichen Wahrnehmungsvorgang sind.

Dieser Diskussion ist zu entnehmen, dass die Kritik Gurwitschs an der Konzeption der Hyletik bei Husserl ein Stück weit vorbeigeht, wobei wir aber bisher nur die Formulierungen in den *Ideen I* in Betracht zogen. In der Entwicklung der genetischen Phänomenologie zeigt sich dann, dass Husserl z.B in den *Analysen zur passiven Synthesis* die Empfindungsdaten nicht als formlose Stoffe, sondern als schon organisierte hyletische Einheiten auffasst.[33] Sie konstituieren sich assoziativ und affektiv vor der möglichen aktiven Zuwendung des Ich. Diese passive Konstitution von hyletischen Daten kann als eine Reaktion Husserls auf die Kritik Gurwitschs angesehen werden. Was die Problematik der Konstanzannahme angeht, bleibt aber noch offen, inwiefern Husserl durch passiv vorkonstituierte Sinneseinheiten die Mängel der Konstanzannahme behoben hat. Es ist jedenfalls nicht gleich einleuchtend, inwiefern die neue Konzeption

29 Vgl. Gurwitsch, *Constitutive Phenomenology in Historical Perspective*, 44–45.
30 Hua III/1, 197.
31 Ebd., 192.
32 Ebd., 193.
33 Vgl. Mckenna, *The Problem of Sense Data in Husserl's Theory of Perception*, 147–148.

von der assoziativ-hyletischen Sinneseinheit den Verdacht der Konstanzannahme ausräumt.

1.2.2 Der Status des Schemas

Wie gezeigt, hat die Hyle im Schema ‚Auffassung und Auffassungsinhalt' eine funktionelle Rolle. Anschließend wurde erwogen, welche Relevanz das Schema in der Wahrnehmungstheorie Husserls hat. Zweifellos fixierte Husserl nach den *Ideen I* das Schema nicht mehr so streng, gab es aber nicht auf. Ein neues Wahrnehmungsmodell zeichnet sich mit dem Entstehen der genetischen Phänomenologie ab. Es schließt sich entsprechend die Frage an, inwieweit die Hyle im Zuge dieser Entwicklungen anders oder neu gedacht wird. Näher besehen bekommt man den Eindruck, die Hyle werde in der statischen Analyse deutlich anders als in der genetischen bestimmt. Im Folgenden soll dieser Vergleich eingehender geführt werden.

Was die Auseinandersetzung mit der Umwandlung des Schemas von der statischen zur genetischen Phänomenologie betrifft, wurde die herrschende Interpretation zuerst von Robert Sokolowski vertreten.[34] Weitere Interpretationen offerierten Rudolf Boehm und John Brough.[35] Diese Autoren teilen die Vorstellung, dass das Schema wegen seines unbehebbaren Defekts von Husserl ganz aufgegeben wurde, nachdem er die passive genetische Konstitution mithilfe des Zeitbewusstseins klar formuliert hatte.

Allerdings ist diese populäre Leseart in den letzten Jahren wieder infrage gestellt worden. Manche Interpreten machen darauf aufmerksam, wie Husserl eindeutig das Schema weiterhin in der Analyse der aktiven Konstitution angewandt hat, auch noch in seinen Spätwerken aus den 1930ern.[36] Demnach ist es nicht berechtigt, zu behaupten, das Schema sei als ein problematisches Motiv von Husserl durch die genetische Analyse geradewegs ersetzt worden. Vielmehr kommt dem Schema trotz der Wandlung der Reichweite weiterhin eine wichtige Rolle in Husserls Gedanken zu.

---

[34] Nach Sokolowski steht das Schema ab den *Logischen Untersuchungen* im Mittelpunkt der Gedankengänge Husserls. Husserl versuchte, das Schema erweiternd in anderen Bereichen der Konstitutionsanalyse zu gebrauchen. Allerdings tauchte die genannte Schwierigkeit deutlich in den *Analysen zum inneren Zeitbewusstsein* auf. Husserl musste daher die Konstitutionsleistung auf der Ebene des Zeitbewusstseins klären, ohne sich dabei auf das Schema berufen zu können. Die reifste Lösung dieser Schwierigkeit entwickelte Husserl somit in seiner genetischen Phänomenologie. Vgl. Sokolowski, *The Formation of Husserl's Concept of Constitution*, 177–183.

[35] Vgl. Boehm, *Vom Gesichtspunkt der Phänomenologie*, 110ff; Vgl. auch Brough, *Husserl's phenomenology of time-consciousness*, 249–289.

[36] Vgl. Lohmar, *Synthesis in Husserls Phänomenologie*, 404-407; auch Niel, *Absoluter Fluss, Urprozess, Urzeitigung. Die untersten Stufen der Konstitution in Edmund Husserls Phänomenologie der Zeit*, 52.

Es gibt eine hochinteressante Passage in *Formale und Transzendentale Logik*, deren Überschrift lautet: „Hyletische Daten und intentionale Funktionen. Die Evidenz der immanenten Zeitdaten“[37]. Die Interpretation Sokolowskis legt den Fokus auf diese Passage und zieht aus ihr den Schluss, Husserl habe das Schema eindeutig verworfen. Am Anfang dieser Passage lehnt Husserl erneut den ‚Daten-Sensualismus‘ ab. Diesen gibt es laut Husserl in drei Varianten, die Husserl sorgfältig differenziert:

> Der allherrschende Daten-Sensualismus in Psychologie wie Erkenntnistheorie, in dem auch meist die befangen sind, die in Worten gegen ihn, bzw. das, was sie sich unter diesem Worte denken, polemisieren, besteht darin, daß er das Bewußtseinsleben aus Daten aufbaut als sozusagen fertigen Gegenständen. Es ist dabei wirklich ganz gleichgültig, ob man diese Daten als getrennte „psychische Atome“ denkt, nach unverständlichen Tatsachengesetzen in Art der mechanischen zu mehr oder minder zusammenhaltenden Haufen zusammengeweht, oder ob man von Ganzheiten spricht und von Gestaltqualitäten, die Ganzheiten als den in ihnen unterscheidbaren Elementen vorangehend ansieht, und ob man innerhalb dieser Sphäre im voraus schon seiender Gegenstände zwischen sinnlichen Daten und intentionalen Erlebnissen als andersartigen Daten unterscheidet.[38]

Sokolowski hebt diese letztere Variante hervor und argumentiert, Husserl habe sein früheres Schema dieser Version des Sensualismus zugeordnet.[39] Folglich denkt er, Husserl erkläre hier im Sinne einer Selbstkritik das Schema für unbrauchbar. Sokolowski zitiert noch den nächsten Satz Husserls: „Nicht als ob die letztere Unterscheidung völlig zu verwerfen wäre.“ [40] Sokolowski zufolge meint Husserl mit diesem Hinweis, die Unterscheidung habe immerhin für Neulinge in der Phänomenologie einen pädagogischen Sinn. Das Schema, als ein vorläufiger pädagogischer Modus, solle aber in den weiterführenden Analysen der Phänomenologie nicht mehr angesetzt werden, weil es in den tieferen Schichten der Subjektivität, speziell dem Zeitbewusstsein, nicht mehr zu halten sei.

Es ist jedoch höchst fraglich, ob Husserl hier sein eigenes Schema wirklich als eine Variation des Sensualismus zurückgewiesen hat. Im Wortlaut des Zitats liegt keineswegs, dass Husserl hier sein eigenes Schema kritisiert. Stattdessen argumentiert Husserl, sowohl das Schema wie auch die zeitliche Konstitution „in der immanenten ‚Innerlichkeit' würde keine Gegenstände im Voraus“ naiv ansetzen.[41] In diesem Zusammenhang leistet Husserls Schema zwar keine Erklärung sämtlicher bewusstseinsmäßiger Konstitutionsleistungen. Gleichwohl weist es den Sensualismus entscheidend zurück, und zwar unabhängig davon, ob man das Zeitbewusstsein mit hinzuzieht, weil der Sensualismus stets blind-

---

[37] Hua XVII, 291.

[38] Ebd., 291–292.

[39] Sokolowski, *The Formation of Husserl's Concept of Constitution*, 178; 209.

[40] Hua XVII, 292.

[41] Hua XVII, 292.

lings und unkritisch ‚Gegenstände im voraus' im immanenten Bereich annimmt. Es trifft daher eher den Kern der Sache, wenn man sagt: Das Schema wie auch die genetische Konstitutionsanalyse sind zwei parallele Modi, die sich ergänzen. In Sachen Tiefe der phänomenologischen Analyse geht das Schema nicht so weit wie die Zeitanalyse. Das bedeutet aber nicht, dass ihre Deskriptionssphären nicht ineinandergreifen. Vielmehr haben sie jeweils spezifisch geeignete Problemfälle, die sie erschließen und beleuchten. So erklärt es sich, wie sich entgegen der fraglichen Behauptung Sokolowskis auch in der *Formalen und transzendentalen Logik* etliche Stelle finden, wo die hyletischen Bestände bzw. deren Apperzeption noch von Husserl geltend gemacht werden.[42]

Trotz dieser abweichenden Auslegungen der Berechtigung des Schemas sind jedoch alle von mir konsultierten Interpreten dahingehend einig, das Schema dürfe nicht in allen Konstitutionsstufen angesetzt werden. Damit im Einklang ist eine viel zitierte Fußnote Husserls in den *Vorlesungen zur Phänomenologie des inneren Zeitbewusstseins*:

> „Empfunden" wäre dann also Anzeige eines Relationsbegriffes, der in sich nichts darüber besagen würde, ob das Empfundene sensuell, ja ob es überhaupt immanent ist im Sinne von Sensuellem, m.a.W. es bliebe offen, ob das Empfundene selbst schon konstituiert ist, und vielleicht ganz anders als das Sensuelle. – Aber dieser ganze Unterschied bleibt am besten beiseite; nicht jede Konstitution hat das Schema Auffassungsinhalt - Auffassung.[43]

Es lässt sich natürlich die Frage stellen, welche Ebene der Konstitution ohne das Schema beschrieben werden soll. Den Kontext des Zitats bilden Husserls Überlegungen zum Unterschied zwischen dem Empfundenen und dem Sensuellen. Die Formulierung: „nicht jede Konstitution hat das Schema Auffassungsinhalt – Auffassung",[44] schließt sich an die Erwägungen zum Empfundenen an. Husserl neigt hier dazu, das Empfundene zu verstehen als das Konstituierte, das dann höheren Apperzeptionen zugrunde liegt. Das Empfundene in diesem Sinne könnte nicht gänzlich immanent sein, jedenfalls nicht so wie Husserl an der Stelle das Sensuelle denkt, das er tendenziell als die absolute Grundlage der Bewusstseinsimmanenz gegenüber der Relativierung durch das Schema versteht. Auf jeden Fall zeigt uns diese Fußnote, wie Husserl nicht imstande war, die Diskrepanz zwischen dem Empfundenen und dem Sensuellen zu beheben.

1.3 Die Entstehungsfrage der Hyle im Zeitbewusstsein

Die obige Diskussion legt nahe, auf die Forschungen Husserls zum inneren Zeitbewusstsein näher einzugehen, um ein besseres Verständnis des Hyleti-

---

[42] Vgl. Lohmar, *Synthesis in Husserls Phänomenologie*, 407.

[43] Hua X, 7, Anm. 1.

[44] Ebd.

schen in dieser Ebene des Bewusstseins zu gewinnen. Zunächst fällt auf, wie die schematische Vorstellung der hyletischen Daten im Hauptteil der Vorlesungen aus dem Jahre 1905 noch vorhanden ist. Die Leitfrage in diesen Vorlesungen heißt, „wie sich zeitliche Objektivität, also individuelle Objektivität überhaupt, im subjektiven Zeitbewußtsein konstituieren kann?“[45] Um die zeitliche Objektivität zu erklären, wendet Husserl zunächst sogar das Schema auf die Zeitanalyse selbst an. Er schreibt:

> Nennen wir empfunden ein phänomenologisches Datum, das durch Auffassung als leibhaft gegeben ein Objektives bewußt macht, das dann objektiv wahrgenommen heißt, so haben wir in gleichem Sinne auch ein „empfundenes“ Zeitliches und ein wahrgenommenes Zeitliches zu unterscheiden. Das letztere meint die objektive Zeit. Das erstere aber ist nicht selbst objektive Zeit (oder Stelle in der objektiven Zeit), sondern das phänomenologische Datum.[46]

Hier bedeutet für Husserl offensichtlich die zeitliche Objektivität nichts anderes als die Zeitbestimmung des objektiv Wahrgenommenen. Der Grund liegt darin, dass das Zeitbewusstsein seinem Wesen nach keinen eigenständigen Akt des intentionalen Bewusstseins impliziert, sondern es wesentlich alle Bewusstseinsakte betrifft.[47] Die Form des Zeitbewusstseins bestimmt also in der phänomenologischen Perspektive Aspekte aller Bewusstseinstätigkeiten. Daher sind auch die Empfindungsdaten nicht außerzeitliche Stoffe, sondern notwendigerweise zeitlich strukturiert.

Bekanntlich impliziert die Charakterisierung der Hyle als ein Auffassungsmaterial eine Relation und damit auch eine bereits relativierende Perspektive (hinsichtlich der Auffassung, für die die Hyle das Material ist). Ein Auffassungsakt des Wertens beispielsweise hat auch sein Material, das dem Wertungsakt als das bereits durch sinnliche Wahrnehmung Konstituierte zugrunde liegt. Allein endlos darf man diese Relativierung der Materie nicht betreiben, sonst würde die Erklärung der Konstitution der Hyle in einen unendlichen Regress geraten.[48] Würde man die Zeitlichkeit der Hyle durch das Schema erklären, dann wäre schwerlich zu begründen, wie die Hyle überhaupt ins Zeitbewusstsein hereinkommen kann. Denn das Zeitbewusstsein erzeugt keine Auffassung, die eine an sich unzeitliche Hyle gleichsam zauberhaft verzeitlicht. Ein Intentionalschema des Zeitbewusstseins wäre daher widersinnig.

Die Hyle ist darum als das inhaltlich Gegebene des inneren Zeitbewusstseins zu denken, ohne dabei auf das Schema zu rekurrieren. Die Analyse der Immanenzsphäre des Bewusstseins setzt schon voraus, dass sowohl die hyletischen Daten als auch der Auffassungsakt erlebt bzw. bewusst sind. Das wirft allerdings die Frage auf, wie die Hyle als Bewusst-sein oder im Bewusstsein entsteht.

---

[45] Ebd., 3.

[46] Hua X, 7.

[47] Vgl. Bernet, *Die Einleitung. Texte zur Phänomenologie des inneren Zeitbewusstseins*, XIX.

[48] Vgl. Sokolowski, *The Formation of Husserl's Concept of Constitution*, 95.

Dazu meint jedoch Manfred Sommer, dass diese Frage für Husserl belanglos sei. Nach seiner Meinung ist Husserl mit Mach in dieser Frage einig. Für beide gilt die These: „Die Empfindung muß man nicht erklären wollen."[49] Sommer behauptet: „Weder steigt die Empfindung aus dem Abgrund des Unbewußten auf, noch resultiert sie aus den Abläufen, die ein äußerer Reiz im Nervensystem des gereizten Organismus auslöst."[50] Sommers Kommentar ist insofern sehr treffend, als die Phänomenologie sowohl die Tiefen des Unbewußtseins als auch das physiologische Geschehen nicht zum Thema machen kann. Diese beiden, als denkbare, aber unerfahrbare Quellen der Hyle, werden schon vorgängig durch die phänomenologische Epoché eingeklammert. Und doch erübrigt sich an dieser Stelle deshalb die phänomenologische Frage nach der Entstehung der Hyle keineswegs. Gerade sie motiviert Husserl dazu, in den Tiefen der Gegebenheiten nach der Hyle zu forschen. Die Frage, wie die Empfindungen entstehen, mag in der statischen Phänomenologie beiseitegelassen werden. Sie taucht aber wieder auf, sobald sich Husserl mit der genetisch-zeitlichen Konstitution der Empfindungen beschäftigt.

Die vorliegende Untersuchung konzentriert sich daher auf die *Vorlesungen zum inneren Zeitbewusstsein*. In diesen Vorlesungen wird deutlich, wie die Analyse der zeitlichen Eigenschaften eines Objekts Husserl dazu führt, den Auffassungsakt und die Sinnesdaten im Hinblick auf das konstituierende Zeitbewusstsein tiefergehend zu erforschen.[51] Husserl zufolge ist das Zeitbewusstsein keine apriorische, anschauliche Form, in der die Empfindungen an sich gegeben sind. So erklärt sich auch eine gewisse Engführung des inneren Zeitbewusstseins und der Empfindung bei Husserl. Er sagt: „Empfindung schlechthin bezeichnet das ganze zeitkonstituierende Bewusstsein, in dem sich ein immanenter sinnlicher Inhalt konstituiert."[52] Daher hat der Kernbegriff ‚Urimpression' bei Husserl nahezu die gleiche Bedeutung wie ‚Urempfindung'.[53] Zudem drückt Husserl häufig mit ‚Urimpression' nur das formale Zeitelement aus, obwohl die Urimpression im konkreten Zeitbewusstsein stets auch einen Inhalt hat. Den Inhalt der Urimpression nennt Husserl anderswo auch den „hyletischen Kern" und die Urempfindung ist dadurch definiert.[54] Die Urempfindungsdaten, als Kerndaten,

---

49 Sommer, *Leben aus Erlebnis. Dilthey und Mach*, 70–71.

50 Ebd., 70.

51 Husserl hebt hervor: „Die ‚Inhalte' im Fall der Wahrnehmungserscheinung sind eben diese ganzen Erscheinungen als temporale Einheit. Also ist auch die Wahrnehmungsauffassung konstituiert in solcher Abschattungsmannigfaltigkeit, die einheitlich wird durch die Einheit der temporalen Auffassung." (Hua X, 92).

52 Hua X, 67.

53 In diesem Kontext unterscheidet Husserl kaum noch zwischen Urempfindung und Urimpression. Zur Urempfindung betont er: „Ich sage Urempfindung, das bezeichnet die unselbständige Phase der Originarität; Empfindung schlechthin bezeichnet das ganze zeitkonstituierende Bewusstsein, in dem sich ein immanenter sinnlicher Inhalt konstituiert." (Hua X, 326).

54 Vgl. Hua XXXIII, 169–170.

ergeben sich mithilfe einer besonderen Auffassungsart, die Husserl als ‚tragendes Bewusstsein' in Abgrenzung zum Schema Auffassung-Auffassungsinhalt versteht.[55]

Somit ist aber die Frage nach der Entstehung der Hyle im Zeitbewusstsein ähnlich gelagert oder gar gleichwertig wie die Frage nach der Urgegebenheit der Urimpression. Die Urimpression taucht in Husserls Konzeption einerseits im Zusammenhang mit der Zeitstruktur ‚Retention-Urimpression-Protention' auf. Andererseits legt Husserl Wert auf die Besonderheit der Urimpression als Urquelle der Erzeugung. Zunächst sollte nur darauf aufmerksam gemacht werden, dass die Rede vom ‚Auftauchen der Urimpression' hier einzig eine vage Beschreibung sein kann. Denn es entspringt mit dem ekstatischen Auftauchen der Urimpression ein beziehungsreiches Gefüge.

1.3.1 Urimpression als intentionale Phase

‚Urimpression' ist für Husserl ein wichtiger Ausdruck, mit dem er das Verhältnis zwischen Zeitform und Zeitinhalt im Rahmen eines einheitlichen Zeitbewusstseins bezeichnet. Daher lässt sich eine Spannung der ‚Urimpression' dahingehend bemerken, wie die Urimpression einerseits etwas jetzt gerade Fließendes bezeichnet, andererseits gilt sie als das Verbleibende des Flusses, nämlich das Element der Zeitform:

> Im Fluß aber kann prinzipiell kein Stück Nicht-Fluß auftreten. Der Fluß ist nicht ein zufälliger Fluß, wie ein objektiver Fluß es ist, die Wandlung seiner Phasen kann nie aufhören und übergehen in ein Sich-kontinuieren immer gleicher Phasen. Aber hat nicht auch der Fluß in gewisser Weise etwas Verbleibendes, wenn auch kein Stück des Flusses sich in einen Nicht-Fluß verwandeln kann? Verbleibend ist vor allem die formale Struktur des Flusses, die Form des Flusses. D. h. das Fließen ist nicht nur überhaupt Fließen, sondern jede Phase ist von einer und derselben Form, die beständige Form ist immer neu von „Inhalt" erfüllt, aber der Inhalt ist eben nichts Äußerliches in die Form Hineingebrachtes, sondern durch die Form der Gesetzmäßigkeit bestimmt: nur so, daß diese Gesetzmäßigkeit nicht allein das Konkretum bestimmt. Die Form besteht darin, daß ein Jetzt sich konstituiert durch eine Impression und daß an diese ein Schwanz von Retentionen sich angliedert und ein Horizont der Protentionen.[56]

Aus dem zitierten Text lassen sich vor allem drei Punkte entnehmen: 1. Die formale Struktur des Zeitflusses ist je von ‚Inhalt' erfüllt. 2. Die Art der Erfüllung

---

[55] Husserl schreibt: „Natürlich steht nichts im Wege, das jene Kerndaten Tragende als ein Auffassen zu benennen: Aber es ist dies dann eben nicht im alten Sinn, eben weil jene Kerndaten (die Urempfindungsdaten) nicht einmal sind und daneben, und gar nicht notwendig, von einem dazutretenden Bewusstsein ‚in Funktion genommen', als das oder jenes ‚aufgefasst' werden, sondern diesem sie tragenden Bewusstsein gegenüber (abgesehen von der punktuellen Unselbständigkeit) unselbständig und nur als so getragene denkbar sind" (Hua XXXIII, 179).

[56] Hua X, 114.

ist nicht äußerlich, sondern innerlich. 3. Die Innerlichkeit der Erfüllung dankt sich einer gewissen Gesetzmäßigkeit. Mit dieser Gesetzmäßigkeit meint Husserl die unveränderliche Wesensstruktur des zeitlichen Horizonts. Der Inhalt im Prozess der innerlichen Erfüllung des Zeitflusses ist also wesentlich durch die abstrakte Form des Zeitbewusstseins bestimmt. Hier betont Husserl, dass ein Primat der Form die Urgegebenheit des Inhalts bestimmt. Jeder Inhalt ist also innerlich durch die Gesetzmäßigkeit der Zeitform bestimmt. Demzufolge enthalten die sinnlichen Daten in sich selbst ein Gefüge, das eine Leistung des Zeitbewusstseins ist. Entsprechend formuliert Husserl an einer anderen Stelle: „Jede Empfindung hat ihre Intentionen, die vom Jetzt auf ein neues Jetzt usw. führen: die Intention auf Zukunft, und andererseits die Intention auf Vergangenheit".[57]

Zusammenfassend lässt sich also im Rahmen seiner Zeitanalyse mit Husserl sagen: Die hyletischen Daten treten im Zeitmodus auf. Das Auftreten der Hyle wird nicht nur durch die bloße Impression ermöglicht, sondern ist im intentionalen Horizont wesentlich jeweils auch mit Retentionen und Protentionen verknüpft. Mit dieser Auslegung der Gegebenheitsweise der Hyle entgeht Husserl der Kritik an ‚der formlosen Hyle'. Man kann daher sagen: Die Hyle ergibt sich als Erfüllung der Zeitform im intentionalen Horizont.[58] Somit ist das Auftreten der Hyle nach Husserl kein selbstständiger Vorgang, der sich einer nachträglichen intentionalen Auffassung verweigert. Vielmehr ist die Gegebenheit der Hyle von vornherein intentional ausgestaltet. Um hier nun auf die oben angeführte Gliederung zurückzukommen: Es können Punkt 1. (formale Zeitstruktur) und Punkt 2. (innerliche Erfüllung) als dasselbe Geschehen verstanden werden. Husserls Analyse der hyletischen Grundlage der Wahrnehmung läuft somit auf die Erforschung der in der Wahrnehmung konstituierten immanenten Inhalte hinaus.[59] Er schreibt: „Gehen wir nun über in die Schicht der immanenten ‚Inhalte', deren Konstitution die Leistung des absoluten Bewusstseinsflusses ist, und betrachten wir sie etwas näher. Diese immanenten Inhalte sind die Erlebnisse im gewöhnlichen Sinn: Die Empfindungsdaten (seien es auch unbeachtete), etwa ein Rot, ein Blau und dgl."[60]

Wo also Husserl in den Vorlesungen auf die Sinnlichkeit zu sprechen kommt und somit die Gegebenheit der hyletischen Daten thematisiert, stößt er, wie gezeigt, auf die Frage, wie die hyletischen Daten notwendig in der dreiteiligen Zeitstruktur konstituiert werden. Wenn wir also die Urgegebenheit des Hyletischen als die Gegebenheit von etwas zeitlich Konstituiertem verstehen, scheint eine alternative Betrachtung der Entstehung der Hyle jenseits des ‚allmächtigen' konstituierenden Zeitflusses unvorstellbar.

57 Ebd., 105.
58 Vgl. Mckenna, *The Problem of Sense Data in Husserl's Theory of Perception*, 146.
59 Vgl. Hua X, 83–88.
60 Ebd., 84.

1.3.2 Die Hyle und der absolut konstituierende Bewusstseinsfluss

Doch gibt es in den Vorlesungen noch andere Stellen über die Gegebenheit der Hyle, die mit der oben entwickelten zeitlichen Konstitution nicht zusammenstimmen. Solche Stellen verweisen auf eine unmodifizierte Dimension der Urimpression, die im Zusammenhang mit der unaufhörlichen Konstitution des Zeitflusses nicht vor Augen tritt. Stellen, die diese Dimension charakterisieren, sind beispielsweise:

> Impression gegenüber Phantasma unterscheidet sich durch den Charakter der Originarität. Nun haben wir innerhalb der Impression die Urimpression hervorzuheben, der gegenüber das Kontinuum von Modifikationen im primären Erinnerungsbewußtsein dasteht. Die Urimpression ist das absolut Unmodifizierte, die Urquelle für alles weitere Bewußtsein und Sein.[61]
>
> Die Urimpression ist der absolute Anfang dieser Erzeugung, der Urquell, das, woraus alles andere stetig sich erzeugt. Sie selber aber wird nicht erzeugt, sie entsteht nicht als Erzeugtes, sondern durch *genesis spontanea*, sie ist Urzeugung. Sie erwächst nicht (sie hat keinen Keim), sie ist Urschöpfung.[62]

Husserl hebt hier die besondere Originarität der Urimpression hervor gegenüber ihrer retentionalen Modifikation. Diese Originarität der Urimpression lässt sich offenkundig nicht durch die Konstitutionsleistung der intentionalen Zeitstruktur erklären. Ist die Urimpression ‚die Urquelle für alles weitere Bewusstsein und Sein', dann scheint es nur folgerichtig, dass diese Urimpression nicht erst ein Produkt des Zeitbewusstseins ist, sondern es fundiert. Die Urimpression, von dieser Seite betrachtet, ist kein bloß formales Element des Zeitbewusstseins, sondern ein dem Zeitbewusstsein zugrunde liegendes Hyletisches. Somit kommt aber das Hyletische bei Husserl im Sinne dieser originären Urimpression auch noch neben dem Hyletischen im Sinne des bereits im Zeitbewusstsein Konstituierten vor. Ja, Ersteres ist zudem das Fundierende des Zeitbewusstseins. Es wird anhand der zeitlichen Modifikation als immanente Sinneinheit erst konstituiert. Es ist zudem undenkbar, dass die Impression sich ohne bewusste Selbstgegebenheit überhaupt retendieren könnte. Folglich wird hier eine weitere Dimension der Frage nach der Entstehung der Hyle erschlossen.

Gleichwohl bleibt offen, ob die Urimpression trotz dieser Eigenheit nicht doch in der Herrschaft der Zeitstruktur gefangen bleibt. Denn merkwürdigerweise beschreibt Husserl diese Originarität der Urimpression auch als etwas „Hineingesetzes", „Urgezeugt-Entsprungenes".[63] Es handelt sich daher um ein schwieriges Problem der phänomenologischen Analyse: Das Hyletische der Urimpression verweist einerseits auf etwas, das nicht in der bewussten Tätigkeit entspringt (sonst wäre der Solipsismusvorwurf berechtigt), aber es muss den-

---

[61] Ebd., 67.
[62] Hua X, 100.
[63] Ebd., 88.

noch im Bewusstsein erscheinen. So erklärt sich, weshalb Husserl die Urimpression sowohl als das Erzeugende als auch als das Erzeugte versteht.

Diese Bestimmung der Urimpression verweist auf ein Kernproblem des Konzepts der transzendentalen Subjektivität. Das Subjekt muss sich irgendwie als Selbstbewusstsein zeigen. Das Bewusstsein, das Husserl hauptsächlich als Intentionalitätsverhältnis ansieht, muss also notwendigerweise auch sich selbst manifestieren. Husserl sagt:

> Der Fluß des immanenten zeitkonstituierenden Bewußtseins ist nicht nur, sondern so merkwürdig und doch verständlich geartet ist er, daß in ihm notwendig eine Selbsterscheinung des Flusses bestehen und daher der Fluß selbst notwendig im Fließen erfaßbar sein muß.[64]

Husserl hat offensichtlich bemerkt, dass die Konstitutionsanalyse des Zeitbewusstseins nicht hinreichend ist, um das Problem der Selbsterscheinung des Flusses zu erklären. Die Urimpression trägt dazu zusätzlich mit ihrer eigenen Funktion bei. Er sagt:

> Bewußtsein ist notwendig Bewußtsein in jeder seiner Phasen. Wie die retentionale Phase die voranliegende bewußt hat, ohne sie zum Gegenstand zu machen, so ist auch schon das Urdatum bewußt – und zwar in der eigentümlichen Form des ‚jetzt' – ohne gegenständlich zu sein. [...] Retention eines unbewußten Inhalts ist unmöglich.[65]

Mit dieser Behauptung lehnt Husserl ausdrücklich ab, dass die Urimpression vermittels Retention erst nachträglich bewusst wird. Vielmehr handelt es sich bei der Urimpression um die Urauffassung eines Urdatums. Diese Urauffassung ist aber keineswegs ein objektivierender Akt. Die Urimpression hat also, ohne Vermittlung von Retention und Protention, die Funktion, ein Urerzeugtes bewusst zu machen. Sonst müsste ungereimterweise stets ein unbewusster Punkt im Bewusstsein persistieren. Eine solche Hypothese wollte Husserl selbstverständlich vermeiden. An einer Stelle der *Bernauer Manuskripte über das Zeitbewusstsein* macht er dies deutlich:

> Die Urpräsentation setzt nicht fundiert ein Jetzt, sie ist Originärbewusstsein ihres Inhalts. Ihr Inhalt ist nichts für sich, ist nur, was er ist, als Inhalt, und hier als Inhalt einer Urpräsentation. Bei den Retentionen ist ein prinzipiell gleichartiger Inhalt und dieser ist auch, was er ist, als Inhalt einer Urpräsentation, auch er ist jetzt. Aber diese Momentanpräsentation ist fundierend für eine weitere Bewusstseinsweise, und das ist die neue, die retentionale, die des Vergangenheitsbewusstseins.[66]

Wenn dies die Argumentation Husserls richtig darstellt, dann muss eine Doppelsinnigkeit des Ausdrucks ‚Urimpression' bei ihm konstatiert werden, obwohl er diesen doppelten Sinn nicht selbst herausstellt. Einerseits ist bei ihm die Urimpression das Fundierende des gesamten Zeitbewusstseins, andererseits er-

[64] Hua X, 83.
[65] Ebd., 119.
[66] Hua XXXIII, 217.

scheint sie als etwas Unselbstständiges erst im Zusammenhang des sich konstituierenden Zeitbewusstseins. Es liegt die Vermutung nahe, Husserl habe nicht genau genug erwogen, welche Schwierigkeiten es für die Theorie der Intentionalität bedeutet, wenn die Urimpression sowohl als das Urerzeugte wie auch als das Bewusstmachende fungiert.

Es bleibt daher eine offene Frage, ob Husserl die Doppeldeutigkeit der Urimpression in Bezug auf die absolute Subjektivität überhaupt bedacht hat. Seine Thematisierung der unmodifizierten Urimpression zielt nicht merklich darauf ab, eine Begründung der Subjektivität zu leisten. Denn dafür wäre die Urimpression als bloß formale Phase des Zeitbewusstseins unzureichend. Hier ist vielmehr die Urimpression als tiefste hyletische Fundierung des Zeitbewusstseins bzw. der Subjektivität gefordert. In dieser Hinsicht bringt er also nur einen Aspekt der Problematik der Hyle zum Ausdruck, wenn er sagt, die ekstatische Zeitstruktur ermögliche zuerst die Gegebenheit der hyletischen Daten. Der nötige tiefere Aspekt liegt aber darin, dass die Zeitekstase ihrerseits die Urimpression bzw. ‚das hyletisch Gebende' als ihr Substrat erfordert.

1.3.3 Das Urbewusstsein

Mit der Problematik des Bewusst-Werdens (des originär Gebenden) der hyletischen Impression rückt Husserls Begriff des ‚Urbewusstseins' in den Mittelpunkt. Für Husserl ist das Urbewusstsein untrennbar mit der Urimpression verbunden, ja wird sogar oft synonym verwendet.[67] Dennoch ist zu erwarten, dass Husserl mit ‚Urbewusstsein' zugleich eine Näherbestimmung der Originarität der Urimpression versucht. Klar ist, dass bei ihm das ‚Urbewusstsein' weder mit einem auffassenden Akt noch auch mit Spekulationen über das Unbewusste etwas zu tun hat. Er meint mit dem Begriff ein unmittelbares ungegenständliches Jetztbewusstsein. Husserl schreibt:

> Eben dieses Urbewußtsein ist es, das in die retentionale Modifikation übergeht – die dann Retention von ihm selbst und dem in ihm originär bewußten Datum ist, da beide untrennbar eins sind –: wäre es nicht vorhanden, so wäre auch keine Retention denkbar; Retention eines unbewußten Inhalts ist unmöglich.[68]

So gesehen verweist der Begriff des Urbewusstseins darauf, wie das Hyletische als der inhaltliche Kern der Urimpression von vornherein notwendig bewusst gegeben sein muss. Für Husserl ist dabei das Urbewusstsein eine selbstverständliche Qualität der Gegebenheit der Urimpression. Ohne diese wäre die Retention, die nur das bewusste Datum im Griff halten kann, unmöglich.

Sowohl die Frage nach der Urgegebenheit der Hyle als auch die nach dem Urbewusstsein verweisen damit auf dieselbe Schwierigkeit, nämlich auf die Fra-

---

[67] Vgl. Ni, *Urbewußtsein und Unbewußtsein in Husserls Zeitverständnis*, 19.
[68] Hua X, 119.

ge: Kann die phänomenologische Betrachtung irgendwie diese Urgegebenheit oder das Urbewusstsein erreichen? Husserls Antwort lautet:

> Weil aber Urbewußtsein und Retentionen vorhanden sind, besteht die Möglichkeit, in der Reflexion auf das konstituierte Erlebnis und auf die konstituierenden Phasen hinzusehen und sogar der Unterschiede inne zu werden, die etwa zwischen dem ursprünglichen Fluß, wie er im Urbewußtsein bewußter war, und seiner retentionalen Modifikation bestehen.[69]

Zweifelsohne funktionieren hier einerseits das Urbewusstsein sowie andererseits die Retention, als dessen Modifikation, beide als Bedingung der Möglichkeit der Reflexion. Anders gesagt: Wenn das Urbewusstsein in den Vergangenheitsmodus retendiert, steht es als konstituiertes Erlebnis für die Reflexion zur Verfügung. Mit diesem Urbewusstsein hängt eben jener ‚unbewusste Inhalt' zusammen, der für die Phänomenologie ein ‚Unding' ist. Das heißt: Das unmodifizierte Urbewusstsein (die originäre Impression) gehört zu dem Bereich, in den der reflektierende Blick nicht dringen kann, aber auf den er dennoch verwiesen wird.

Allerdings findet man bei Husserl keine Charakterisierung des Urbewusstseins bzw. der Urimpression als eine unanschauliche Dunkelkammer innerhalb der allkonstituierenden Subjektivität. Husserl zögert wie gesehen nicht, die Urimpression als ein schlechthin Erzeugtes bestimmt anzusetzen. [70] Anderseits betont er die Unfassbarkeit der Urimpression angesichts dieser Besonderheit nicht. Husserl führt das Problem einfach nicht weiter aus. Er zeigt nicht, wie der phänomenologisch reflektierende Blick, der sich nur auf das Konstituierte richten kann, nicht fähig ist, die sich unablässig erzeugende Urimpression in ihrem Zeitmodus des ‚Jetzt' zu enthüllen.

Ausgehend von Paul Ricœur definiert Inga Römer diese Schwierigkeit als „das Problem des Nichterscheinens der Anfangsphase des Bewusstseinsflusses".[71] Es geht hier letztlich um die Frage nach dem Ursprung der Zeit. Diese Frage führt Römer zufolge unausweichlich zu Aporien, weil „das Denken die Zeit nicht wirklich erfassen kann, da sich ihr Ursprung stets entzieht und sie begrifflich uneinholbar ist".[72] Die Urimpression lässt sich mit Blick auf die Frage nach dem Ursprung der Zeit als stetiger Impulsgeber denken, der aber noch keine Zeit und keine Objektivität beinhaltet. Angesichts dieses unerreichbaren Anfangspunkts funktioniert das Urbewusstsein nur wie ein vorläufiges Rettungsmittel, womit jedoch die Lücke im Selbstenthüllen des Zeitbewusstseins letztlich nicht behoben wird. Außerdem scheint sich Husserl von der Ur-

---

69 Hua X, 119–120.

70 „Die Urimpression ist der absolute Anfang dieser Erzeugung, der Urquell, das, woraus alles andere stetig sich erzeugt. Sie selber aber wird nicht erzeugt, sie entsteht nicht als Erzeugtes, sondern durch *genesis spontanea*, sie ist Urzeugung." (Hua X, 108).

71 Römer, *Das Zeitdenken bei Husserl, Heidegger und Ricœur*, 62.

72 Ebd., 4; 67.

sprungsfrage zu distanzieren. Seine unklaren Formulierungen zum Thema in der Beilage IX, „Urbewusstsein und Möglichkeit der Reflexion“,[73] erzeugen den Eindruck, er begnüge sich mit der Behauptung, die Urimpression sei ganz und gar urbewusst. Was das genau heißt, ob und wieweit von der Urimpression im Zusammenhang der Frage nach dem Ursprung der Zeit ausgegangen werden kann, hat sich wohl auch Husserl gefragt. Doch er hat daraus kein zentrales Thema des Zeitbewusstseins gemacht.

Eine ebenso unklar bleibende Problematik wie beim Urbewusstsein zeichnet sich auch in Bezug auf das Selbstbewusstsein ab, wobei beides wohl zusammenhängt. Mit dem Urbewusstsein ist für Husserl das präreflexive Bewusst-Werden der Subjektivität impliziert. Obwohl er mit den Überlegungen zum Urbewusstsein keine Theorie des Selbstbewusstseins entwerfen wollte, begründet die Hervorhebung des Urbewusstseins einen phänomenologischen Zugang zum Selbstbewusstsein. So bedeutet das Urbewusstsein das unhintergehbare Bewusstsein eines Bewusstseins, das keinen Anspruch auf Vermittlung der intentionalen Retention bzw. der nachträglichen Reflexion erhebt. Das Urbewusstsein der Urimpression ereignet sich ausschließlich mit dem hyletischen Datum.[74] Und so liegt es nahe, die hyletischen Daten als einen nicht weiter differenzierten Durchdringungszustand von sowohl Selbstbewusstsein wie Fremdbewusstsein anzusetzen. Husserl schreibt: „Wir beginnen mit dem ersten Punkt, dem Einsatzpunkt. Er ist als Jetzt charakterisiert. Wir nennen das Bewußtsein von ihm Urempfindungsbewußtsein, ohne sagen zu wollen, daß hier wirklich zweierlei zu unterscheiden sei, Urempfindungsbewußtsein und Ton-Jetzt.“[75] Daraus lässt sich schließen, dass der hyletische Punkt mit Bezug auf die ablaufende Retention die differenzierte Erscheinung von Selbst und Fremdem fundiert. Wie Dan Zahavi anhand der Untrennbarkeit von ‚Quer- und Längsintentionalität‘ hervorhebt, ist das Selbstbewusstsein bei Husserl keine verschlossene Selbstaffektion, sondern hängt gleichursprünglich mit der Fremdaffektion zusammen.[76] An diesem Vermittlungspunkt zwischen Selbst- und Fremdaffektion befindet sich das Hyletische als etwas Inhaltliches, das keiner von beiden Affektionen zuzuschreiben ist.

1.3.4 Hyle und Bewusstseinsfluss

Die bisherige Untersuchung stützte sich auf die Textgrundlage der *Vorlesungen zum inneren Zeitbewusstsein* und der zugehörigen Beilagen. Der Fokus richtete

---

73 Vgl. Hua X, 118–120.

74 Dan Zahavi kommentiert treffend: „*In concreto* there can be no primal impression without hyletic data, no inner time-consciousness, no pre-reflective self-awareness, without a temporal content.“ (Zahavi, *The Fracture in Self-Awareness*, 27).

75 Hua X, 372.

76 Vgl. Zahavi, *The Fracture in Self-Awareness*, 27–29.

sich vor allem auf die Urimpression im Sinne der originären Quelle des Hyletischen. Die Gedankenlinie in den Vorlesungen zeichnet sich mitunter als Versuch ab, diese Problematik im Zusammenhang mit dem Problem des Ursprungs der Zeit aus der Zeitlichkeit des Bewusstseins zu erklären. Dabei stießen wir notwendig auf Husserls Konzeption des Bewusstseinsflusses. Husserl bemüht sich darum, mittels des Bewusstseinsflusses die absolut konstituierende Subjektivität zu thematisieren. Der Bewusstseinsfluss ist nichts anderes als eine metaphorisch bildliche Bezeichnung für die absolute Subjektivität. Mithilfe dieser Metapher kommt Husserl zur Erkenntnis, dass die absolute Subjektivität „im Kontrast zu den konstituierten Einheiten verschiedenster Stufe“ charakterisiert werden kann.[77] Nach Husserl bezeichnet der Fluss eine notwendige, stetige ‚Veränderung'. Und prinzipiell hat etwas Identisches in der Veränderung keinen Bestand. So dürfen wir nicht einmal behaupten, der Fluss fließe schneller oder langsamer, weil uns jedes zeitliche Maß angesichts einer absoluten Veränderung fehlt.[78] Daher lässt sich der Bewusstseinsfluss seinem Wesen nach nicht so analysieren, als gäbe es darin Festigkeit. Der Fluss impliziert vielmehr etwas Un- oder Vorzeitliches als Festes. Deswegen hat Husserl eingeräumt, der Fluss sei eigentlich nicht benennbar, weil man nur von der Perspektive des Konstituierten aus den Fluss beobachten könne.[79]

Trotz dieser grundsätzlichen Unbestimmbarkeit des Bewusstseinsflusses bemüht sich Husserl, sich mit den analysierten Bewusstseinsgestalten einer Bestimmung anzunähern. Geschickterweise veranschaulicht er den Fluss dabei auch mit einem Zeitdiagramm. Das Zeitdiagramm differenziert die einheitliche Intentionalität im Bewusstseinsfluss in eine Querintentionalität und eine Längsintentionalität.

So wird es möglich, im Zeitdiagramm das Auftauchen eines hyletischen Datums genauer zu erforschen. Die bisherige Forschung hat auf diese Weise bereits eine eingehende Rekonstruktion des Entstehungsvorgangs vorgenommen, in der eine wichtige Unterscheidung zwischen einer vor- und unzeitlichen hyletischen Dimension und dem konstituierten hyletischen Datum vorgenommen wird. Im Zeitdiagramm tritt an jeder Stelle eine hyletische Impression auf, die dann absinkt und dynamisch die horizontale Stelle erzeugt und besetzt. Ein hyletisches Datum, das eine Dauer besitzt, also waagrecht im Zeitdiagramm erscheint, ist durch die Deckungssynthesen von den hyletischen Impressionen in der senkrechten Richtung konstituiert. Genauer besehen wird das hyletisch Gebende im jeweiligen Punkt der senkrechten Richtung als etwas Gleichbleiben-

---

77 Hua X, 73.

78 Vgl. Hua X, 74.

79 Husserl betont: „Es ist die absolute Subjektivität und hat die absoluten Eigenschaften eines im Bilde als „Fluß" zu Bezeichnenden, in einem Aktualitätspunkt, Urquellpunkt, ‚Jetzt‘ Entspringenden usw. Im Aktualitätserlebnis haben wir den Urquellpunkt und eine Kontinuität von Nachhallmomenten. Für all das fehlen uns die Namen.“ (Hua X, 75).

des dargestellt.[80] In der chronologischen Richtung finden wir parallel ein stetig anströmendes Hyletisches, das nacheinander auftaucht. Obwohl sich das anströmende Hyletische gleichzeitig in einer retentierten Reihe befindet, können wir aber dennoch sagen, die senkrechte Deckungssynthese sei immer zugleich mit der chronologischen hyletischen Impression gegeben.

Mit diesem anschaulichen Bild können wir also das Hyletische in Husserls Analyse fassen. Eine fundamentale hyletische Gegebenheit fundiert die aus ihr strömende Konstitution der Doppelintentionalität, die wir im Folgenden als ‚Hyle-Impression' bezeichnen. Sofern die Hyle-Impression in chronologischer Richtung bewusstseinsmäßig stetig auftritt, retendiert sie sich sofort in der Deckungssynthese mit der letzten Hyle-Impression. Husserl behauptet zwar nicht selbst, es setze die Längenintentionalität die Querintentionalität voraus und sei privilegiert. Trotzdem können wir dies als einen Hinweis auffassen, dass die Hyle, die als die Fülle für die Konstitution vom hyletischen Datum in die Querintentionalität eindringt, sich von der dauernden Hyle, nämlich dem konstituierten hyletischen Datum, unterscheidet. Die erstere, als ‚eine vor- und unzeitliche hyletische Dimension', thematisiert Husserl kaum. Uns gilt diese Dimension der Subjektivität jedoch gerade als das, was noch nicht hinreichend hinterfragt und erforscht wurde. Diese vor- und unzeitliche Hyle gewährt der zeitlichen Konstitution der Subjektivität faktisch den Boden. Sie soll daher in den folgenden Kapiteln noch näher untersucht werden.

[80] Lohmar erklärt die Stufung des Hyletischen im Zeitbewusstsein so: „In den Vorlesungen zur Phänomenologie des inneren Zeitbewusstseins arbeitet Husserl heraus, wie sich auf dem Erfahrungsboden eines gegebenen hyletischen Flusses, d. h. einer in sich fließenden sinnlichen Gegebenheit in allen Sinnesfeldern, Daten mit ihrer Dauer konstituieren." (Lohmar, *Phänomenologie der schwachen Phantasie*, 92ff.)

2. Das Problem der Kontinuität des Bewusstseinsflusses

Die Freilegung der vor- und unzeitlichen Gegebenheit der Hyle war das Ergebnis am Ende des vorangehenden Kapitels. Sie soll nun eingehender erforscht werden. Offensichtlich kann die anströmende Hyle-Impression in der phänomenologischen Reflexion schwerlich vor Augen geführt werden. Auf dem Weg über den Abbau der Konstitutionsstufen entzieht sie sich der Betrachtung. Alles weitere Nachdenken könnte hier also nur spekulativ erfolgen und muss von der Frage ausgehen, was als das Substrat bzw. das absolut Fundierende der Konstitution übrig bleibt.[1] Derart ließe sich aber nicht klären, ob eine Diskussion der vor- und unzeitlichen Hyle-Impression noch phänomenologisch gerechtfertigt werden kann. Um dennoch den Forschungsbereich auch auf diese Schwierigkeit der reflexiven Phänomenologie auszudehnen, soll im folgenden Kapitel die Aufmerksamkeit auf einen anderen wichtigen Aspekt von Husserls Konzeption der absolut konstituierenden Subjektivität gelenkt werden: die Kontinuität. Die Kontinuitätskonzeption Husserls hinsichtlich der Begründung der absoluten Subjektivität soll dabei kritisch erwogen werden. Dazu soll nochmals das Verhältnis zwischen dem metaphorischen ‚Fluss' bzw. ‚Bewusstseinsstrom' und der letztkonstituierenden Subjektivität betrachtet werden.

2.1 *Kontinuität und ‚Fluss' in den* Vorlesungen zum inneren Zeitbewusstsein

Zu Husserls Auffassung des Zeitbewusstseins hat Derrida einen sehr wichtigen Punkt hervorgehoben: „Husserl erkennt nicht nur, daß kein Jetzt als Moment oder reine Punktualität isoliert werden kann, sondern seine ganze Beschreibung

---

1 Luis Niel merkt zur Problematik der Hyle in der un- und vorzeitlichen Dimension an: „Alles, was in meinem Bewusstsein auftritt, steht in intentionaler (im ursprünglichen Sinne) Verbindung mit dem Zeitbewusstsein. [...] Unserer Interpretation nach gibt es keinen unzeitlich vorliegenden „Stoff", sondern der absolute Fluss ist bei jeder hyletischen Modifikation immer dabei." (Niel, *Absoluter Fluss, Urprozess, Urzeitigung*, 62). Was hier mit ‚vor- und unzeitlicher Hyle' erfasst wird, ist nicht das, was Niel mit ‚un-zeitlich vorliegendem Stoff' meint, sondern vielmehr ‚der absolute Fluss'. Den Bereich, den wir als Hyle vor der Zeitlichkeit kennzeichnen, thematisiert Niel aufgrund der *C-Manuskripte* als die Urstufe bzw. die Urphänomenalität, die das nur konstituierende Urphänomen (nicht im Sinne vom Vollzug des Ich) ist. Diese Urstufe funktioniert als die Bedingung der Erscheinung, die aber selbst nicht zur Erscheinung kommt. Niel meint, dass diese Urstufe nur *ex negativo* bestimmbar sei. Man kann mit dem Vollzug des Phänomenologierens diese Urstufe aufweisen, aber nicht in sie eindringen. (Niel, *Absoluter Fluss, Urprozess, Urzeitigung*, 241–246). Aus Sicht der vorliegenden Arbeit stellt sich bezüglich dieser These die Frage, ob und inwieweit das nur *ex negativo* bestimmbare ‚konstituierende Urphänomen' überhaupt Phänomen heißen darf.

geht auch mit unvergleichlicher Geschmeidigkeit und Sensibilität den ursprünglichen Modifikationen dieser irreduziblen Ausdehnung nach".[2] Diese irreduzible Ausdehnung ist im phänomenologischen Sinne keine abstrakt geometrische Ausdehnung, sondern eine hyletische Ausdehnung. Sie beruht phänomenologisch gesehen auf dem Kontinuum des Zeitbewusstseins. Davon ausgehend ist die ‚Kontinuität' ein wesentliches Merkmal von Husserls Konzeption des absolut konstituierenden Bewusstseins. Es ist deshalb wichtig, sie als ganze in ihrer Bedeutung näher zu analysieren.

Offenbar wird bei Husserl die Kontinuität vornehmlich als Charakter der Beziehung der Zeitphasen gesehen. Er spricht hier von „Ablaufskontinuität".[3] Dies meint das Kontinuum der ablaufenden Zeitphasen als ein lückenloses. Dementsprechend ist die Abschattung von Zeitobjekten als etwas Kontinuierliches verstanden. Somit ist für eine Theorie der Konstitution zeitliche Objektivität gefordert, damit jede Abschattung als partiale Auffassung in einer Reihe mit anderen Auffassungen innerlich verbunden ist. Jeder Moment in zeitlicher Wahrnehmung (phänomenologische Gegenwart) ist also ein stattfindendes Sich-Zeitigen, das vom Jetztbewusstsein und seiner wesentlichen Retention und Protention gebildet wird. Es ist nicht trivial, diese intentionale Zeit-Struktur zu beschreiben.[4] Trotzdem hat Husserl sich viel bemüht, sie durch phänomenologische Analysen zu fassen. So gelangt er zu gewissen operativen Begriffen, die unter der Obergattung des ‚Ablaufsmodus' als Beschreibungsmittel dienen, z. B. ‚Zeitpunkt', ‚Zeitphase', ‚Kontinuum' usw. Husserl ist sich dabei bewusst, wie solche Begriffe nur durch Idealisierung (Abstraktion) aus dem ‚Fluss' herausgezogen werden. Unseres Erachtens wird der Ablaufsmodus an dieser Stelle zunächst als noetische Bedingung der Wahrnehmung einer identischen Zeitdauer entwickelt. Anschließend dient er als der Ausgangspunkt der phänomenologischen Untersuchung des zutiefst fundierenden Flusses. Im Folgenden werden wir uns auf die Beziehung zwischen der Kontinuität im Ablaufen der Zeitphasen und dem letztkonstituierenden ‚Fluss' konzentrieren. Dabei wird eine Schwierigkeit der Konzeption der absoluten Subjektivität merklich, die in der Beziehung zwischen der phänomenologischen Analyse der ‚Kontinuität' und dem absoluten Fluss besteht. Für eine Lösung müssen andere Schriften Husserls konsultiert werden und zudem Überlegungen anderer Philosophen. Auch eine verborgene Bedeutung der Hyle-Problematik wird dabei mittelbar aufgewiesen.

Ausgangspunkt ist zunächst eine selten thematisierte Formulierung zum ‚Fluss' in den *Vorlesungen zum inneren Zeitbewusstsein*:

2 Derrida, *Die Stimme und das Phänomen*. 116.

3 Hua X, 27; 366.

4 Fink kommentiert: „Was die phänomenologische Gegenwart meint, ist sehr schwer zu umschreiben, weder ist es ein ‚punktuelles' Jetzt, noch eine bestimmt extendierte Zeitgestalt." (Fink, *Studien zur Phänomenologie, 1930-1939*, 22).

Dieser Fluß ist etwas, das wir nach dem Konstituierten so nennen, aber es ist nichts zeitlich „Objektives". Es ist die absolute Subjektivität und hat die absoluten Eigenschaften eines im Bilde als „Fluß" zu Bezeichnenden, in einem Aktualitätspunkt, Urquellpunkt, „Jetzt" Entspringenden usw. Im Aktualitätserlebnis haben wir den Urquellpunkt und eine Kontinuität von Nachhallmomenten. Für all das fehlen uns die Namen.[5]

Hier wird klar, dass der ‚Fluss', den Husserl manchmal in Anführungszeichen setzt, für ihn eine absolute Dimension der Subjektivität bezeichnet. Nur behelfsmäßig erteilt er ihr einen Namen aus dem Bereich des schon Konstituierten, wenn er sie einen ‚Fluss' nennt. Dem Text zufolge treten bei dem ‚Fluss' der Urquellpunkt und eine Kontinuität im Nachhall in der phänomenologischen Reflexion hervor. Es ist damit noch nicht deutlich, ob die Benennungsproblematik dieses absoluten Subjekts eventuell auf eine unvollkommene oder gar unmögliche Beschreibbarkeit hinweist. Daher stellt sich die Frage, ob dieser letztkonstituierende Fluss seinem Wesen nach in dieser Reflexion völlig erfasst wird. Obwohl diese Frage offenbleibt, versucht Husserl, den absoluten Fluss vom ‚Konstituierten' des Aktualitätserlebnisses her beschreibend zu beleuchten. Das heißt: Die stetige Wandlung des Flusses wird von Husserl als Urquellpunkt und dessen Retention dargestellt. Im selben Zug hat Husserl darüber hinaus die Selbsterscheinung des Flusses in einer feinen Struktur der doppelten Intentionalität bzw. der doppelten Kontinuität begründet, die dem Ablaufmodus (Retentionsbewusstsein) zugrunde liegt.[6] Mit dieser besonderen Struktur wird das ‚Apriori' des metaphorischen Flusses aufgedeckt. Der Bewusstseinsfluss wird dabei durchaus als eine Intentionalität gefasst, die sich notwendig kontinuierlich retendiert und die sich gleichzeitig als einheitlicher ‚Fluss' darstellt.

Aufgrund der bisherigen Ausführungen kann also zur Kontinuität gesagt werden: Sie ist einerseits als abstrakte zwischen den Zeitphasen, also zwischen der Impression und ihrer Retention, in das konkret konstituierende Zeitbewusstsein eingebettet. Andererseits wird der absolut konstituierende Bewusstseinsfluss als eine doppelte Kontinuität der intentional verflochtenen Zeitphasen (Zeitpunkte) definiert.[7] Folglich spielt die Kontinuität als wesentliche Eigenschaft von Intentionalität auf der Ebene des tiefsten Zeitbewusstseins eine unentbehrliche Rolle.

Darüber hinaus darf nicht ignoriert werden, dass Husserl mit der Kontinuität den Zeitphasen eine innerliche Beziehung zugeschrieben hat. Sie befinden sich notwendig in einer Einheit. Deshalb ist es Husserls Meinung nach nicht ge-

---

[5] Hua X, 75.

[6] Vgl. Ebd., 366.

[7] Husserl schreibt: „In diesem Bewusstsein finde ich ein ‚Nacheinander', ich finde es als einen ‚Fluß', und darin finde ich eine Phase des ‚Jetzt', nämlich eine Phase, die das Ton-Jetzt originär bewusst macht: die ursprünglich präsentierende Phase. Aber ich finde ‚zugleich' damit eine Kontinuität von Phasen, die das Früherbewusstsein ausmachen" (Hua X, 378).

rechtfertigt, die Zeitphasen im Sinne eines Reduktionismus aufzufassen, also sie als voneinander unabhängige Phasen vorzustellen. Die aus Zeitphasen gestaltete Zeitigung sollte deshalb auch niemals als etwas Zusammengesetztes betrachtet werden. Dieser Gedanke erinnert deutlich an die dritte der *Logischen Untersuchungen* über die Verhältnisse von Ganzen und Teilen. In § 13 der dritten Untersuchung, ‚Relative Selbstständigkeit und Unselbstständigkeit', nennt Husserl den ‚Bewusstseinsfluss' als Beispiel. In diesem Beispiel laufen die Zeitphasen ihrem Wesen nach wie die unselbstständigen Teile im Ganzen ab, d. h., die Zeitphasen als Teile des Ganzen können nur im Zusammenhang von der jetzt anwesenden Phase und der soeben noch gewesenen Phase vorkommen.[8] Diese Unselbstständigkeit ist offenbar vor dem Hintergrund der die Einheit des Flusses stiftenden Kontinuität zu verstehen. Wenn man versteht, wie die Zeitphasen notwendig kontinuierlich miteinander verflochten sind, wird klar, dass und in welchem Sinne die Zeitphasen unselbstständig sind.

2.2 Die methodische Grundlage der Kontinuitätsvorstellung

Kehren wir zur vorhin gestellten Frage zurück: Ist diese Idealisierung der Kontinuität berechtigt? Also kann man mit der Kontinuität vor dem Hintergrund der Lehre von Ganzen und Teilen die phänomenologische Bedeutung des laufenden Zeitbewusstseins begreifen? Anders gewendet: Harmoniert die von Husserl vollzogene Reflexion nachvollziehbarerweise mit der absoluten Dimension eines absoluten Bewusstseins?

Die Frage richtet sich unvermeidlich an die methodische Grundlage von Husserls Erklärung des absolut konstituierenden Zeitbewusstseins. Es ist klar: Das wandelnde konkrete Zeiterlebnis muss für jedes Herausheben (Abstraktion) der Kontinuität des Ablaufsmodus vorhergehend sein. Ist die Kontinuität des Ablaufsmodus hinsichtlich der Gegebenheitsweise des dauernden Objektes (z. B. eines Tons) eine akzeptable Aufweisung des Wesens der stetigen Wandlung des absoluten Flusses? – Husserl selbst betont die Schwierigkeit, von einem konstituierenden Fluss ohne Vermittlung einer Abstraktion in der objektbezüglichen Analyse dieses konstituierenden Flusses zu sprechen. Die phänomenologischen Schwierigkeiten beschreibt er so:

---

[8] Husserl schreibt: „In der Sphäre der phänomenologischen Vorkommnisse des ‚Bewußtseinsflusses' bietet exemplarische Belege der zuletzt erwähnten Unselbständigkeit das Wesensgesetz dar, daß jedes aktuelle, erfüllte Bewußtseins-Jetzt notwendig und stetig in ein eben Gewesen übergeht; also daß die Bewußtseinsgegenwart kontinuierliche Forderungen an die Bewußtseinszukunft stellt; und damit zusammenhängend, daß das retentionale Bewußtsein des eben Gewesen, das selbst den immanenten Charakter des aktuellen Jetzt hat, das eben Gewesensein des als eben gewesen bewußten Phänomens fordert. Natürlich ist die Zeit, auf die wir uns in diesen Reden beziehen, die zum phänomenologischen Bewußtseinsfluß selbst gehörige immanente Zeitform." (Hua XIX/1, 259).

Ganz im Gegenteil finden wir prinzipiell notwendig einen Fluß stetiger „Verwandlung“, und diese Veränderung hat das Absurde, daß sie genau so läuft, wie sie läuft, und weder „schneller“ noch „langsamer“ laufen kann. Sodann fehlt hier jedes Objekt, das sich verändert; und sofern in jedem Vorgang „etwas“ vorgeht, handelt es sich hier um keinen Vorgang. Es ist nichts da, das sich verändert, und darum kann auch von etwas, das dauert, sinnvoll keine Rede sein. Es ist also sinnlos, hier etwas finden zu wollen, was in einer Dauer sich einmal nicht verändert.[9]

Auf dieses Dilemma reagiert Husserl mit einer geschickten methodischen Eingrenzung:

Wahrnehmung, die in sich selbst nichts mehr von möglichen Fraglichkeiten enthalten: auf sie werden wir bei allen Ursprungsfragen zurückgeleitet, aber sie selbst schließen eine weitere Frage nach dem Ursprung aus. Es ist klar, daß die vielberedete Evidenz der inneren Wahrnehmung, die Evidenz der *cogitatio*, jede Bedeutung und jeden Sinn verlieren würde, wenn wir die zeitliche Extension aus der Sphäre der Evidenz und wahrhaften Gegebenheit ausschließen wollten.[10]

Wir verstehen das Zitat als eine Grenzziehung der Reichweite der Reflexion sowie des phänomenologisch gerechtfertigten Hinterfragens. Hört bei der inneren Wahrnehmung alles berechtigte Fragen auf, dann müsste sich hier auch die Dimension des Zeitbewusstseins klären. Andere Zugänge sind nach Husserl ausgeschlossen. Husserls Position ist also eindeutig: Die Analyse des Flusses, nämlich die Abstraktion aufgrund der innerlichen Wahrnehmung, bahnt den einzigen Weg zum letztkonstituierenden Fluss.[11] Husserl hat nichts darüber gesagt, ob dieser Weg letztlich zielführend ist. Aber er stellt klar: Jede weitere Frage nach dem Ursprung der zeitlichen Ausdehnung außerhalb des Bereichs der Evidenz der Cogitatio kann nicht als phänomenologische Untersuchung gelten. Der Blick auf die innere Wahrnehmung bildet daher den grundlegendsten Bereich der Phänomenologie. Demzufolge ist das letztkonstituierende Zeitbewusstsein, sofern es noch als ein gerechtfertigtes Thema zur Phänomenologie gehört, das Letzte, das wir erklären können. Alles darunter, wenn es derlei gibt, gehört nicht zur Phänomenologie und kann es prinzipiell nicht.

Man sollte nicht vorschnell entscheiden, ob Husserls Konzeption des absoluten Bewusstseinsflusses eine echte Eigenschaft der Subjektivität entsprechen kann, weil eine solche Entscheidung natürlich davon abhängig ist, was man unter Subjektivität versteht. Aber es ist sinnvoll, zu prüfen, ob Husserl mit dem Ablaufsmodus ein Verständnis der absoluten Subjektivität innerhalb seiner Konzeption erreichen kann.

---

[9] Hua X, 74.

[10] Hua X, 85.

[11] Für ein Beispiel der Abstraktion in phänomenologischer Analyse vgl. Hua X, 204–207.

2.3 *Der logische Kern der Kontinuitätsvorstellung als ‚Zwischen-Zusammen'*

Wir merken zunächst eine kritische Betrachtung zur Kontinuität an. Aufgrund der obigen Darstellung könnte man tatsächlich die Kontinuität als ‚Zwischen-Zusammen' der Zeitpunkte kennzeichnen. Mit ‚Zusammen' meinen wir dabei die innerliche Beziehung der Urimpression und ihrer Retention. Mit ‚Zwischen' meinen wir hingegen das Kontinuum als das den Übergang Ermöglichende zwischen der Urimpression und ihrer Retention. Es sieht dabei so aus, als ob die Kontinuität wie eine Brücke funktioniert. Sie vollzieht sich hier Husserl zufolge wie eine Vermittlung. Derart kann sich eine Urimpression in die Retention modifizieren. Folglich wird die Kontinuität als das Angrenzende zwischen den Zeitpunkten aufgefasst. Die Form der ‚Kontinuität zwischen Phasen' wird unseres Erachtens von Husserl als treffende Erklärung der Verwandlung des absolut konstituierenden Flusses angenommen.

An dieser Konzeption Husserls wird damit offenbar, welch grundlegende Rolle die Kontinuität als Bürgschaft des Zugangs zur Vorstellung vom stetig wandelnden Zeitbewusstsein spielt. Husserl hat jedoch in diesen Vorlesungen eine Begründung der Kontinuität nicht in den Fokus gesetzt. Für ihn ist die Kontinuität in der Betrachtung aufgrund der inneren Wahrnehmung gleichsam selbstverständlich. Sie kann keineswegs anders sein. Was ist dann aber die Kontinuität? Ein bruchloser Übergang im Zeitbewusstsein? Abgesehen von diesem bestimmten Kontext erinnert der Begriff ‚Kontinuität' zuerst an die Vorstellung der sich berührenden Punkte im Sinne der Geometrie. Aber diese Vorstellung entspricht der Kontinuität in Husserls Sinne nicht. An einer Stelle in der dritten der *Logischen Untersuchungen* stellt Husserl eine Überlegung dazu an.

Dort fordert er vor allem, die Begriffe, die sich für phänomenologische Beschreibung eignen, nicht mit den exakten (idealisierten) geometrischen (Punkt, Linie, Fläche, im kantischen Sinne) zu vermengen.[12] Vielmehr bedürften solche Begriffe selbst einer phänomenologischen Erklärung.[13] Das Problem lautet also: Wie kann man sich diese Kontinuität in Husserls Zeitdiagramm ohne jede Idealisierung im Sinne der mathematischen Idee von Kontinuität vorstellen?

Wir führen hier eine parallele Beobachtung Brentanos an, um das Problem präziser zu umgrenzen. In den *Philosophischen Untersuchungen zu Raum, Zeit und Kontinuum* lehnt Brentano, ähnlich wie Husserl, eine alternativlose mathemati-

---

12 Husserl schreibt: „Kontinuität und Diskontinuität sind natürlich nicht in mathematischer Exaktheit zu nehmen." (Hua XIX/1, 245); „Die an den anschaulichen Gegebenheiten durch direkte Ideation erfaßten Wesen sind „inexakte" Wesen und dürfen nicht verwechselt werden mit den „exakten" Wesen […]." (Hua XIX/1, 245).

13 Husserl hebt hervor: „Die beschreibenden Begriffe […] aller phänomenologischen Deskription sind demnach prinzipiell andere als die bestimmenden der objektiven Wissenschaft. Diese Sachlagen zu klären, das ist eine phänomenologische Aufgabe […]." (Hua XIX/1, 245).

sche Konstruktion der Kontinuität ab. Mit Aristoteles verteidigt er die phänomenologische Darstellung eines Kontinuums gegen die mathematische Kontinuumstheorie im Ausgang von Dedekind, Cantor und ihren Nachfolgern.[14] Phänomenologische Darstellung meint dabei die Beschreibung der Erfahrung. Mit der Beschreibung des Kontinuums versucht Brentano, die Zeit- und Raumbestimmung eines Gegenstandes verständlich zu machen. Er geht davon aus, das Kontinuum könne einerseits nicht aus geometrischen Punkten bestehen, weil „es keinen Zeitpunkt im Sinne eines ausdehnungslosen Momentes geben kann".[15] Anderseits zeigt sich jeder Zeitpunkt in Bezug auf das ganze Kontinuum als notwendig begrenzt. Mithilfe dieser Relationsdefinition charakterisiert Brentano, wie Husserl, die gegenwärtige Zeitphase als die Grenze des Zeitkontinuums.[16]

In wichtigen Grundannahmen zur Kontinuität stimmt Husserl also mit Brentano überein. Doch gibt es auch klare Diskrepanzen. Bei Husserl ist die Thematisierung der Kontinuität in der Subjektivitätstheorie verortet, die beabsichtigt, das Erscheinungskontinuum auf noetischer Seite zu sichern. Bei Brentano hängt hingegen die Kontinuitätstheorie vor allem mit seinem ontologischen Realismus zusammen. Brentano schränkt die Kontinuitätslehre daher eher auf die ontologische Problematik der Außenobjekte ein.[17] Obwohl Brentano die Zeiterfahrung auf die Vorstellungsmodi zurückführt, stellt er deshalb die Kontinuität des subjektiven Vorstellens des Objektes, nämlich das Kontinuum des innerlichen Tätigkeitsvorgangs, nicht infrage.

Eine weitere Vertiefung von Brentanos Kontinuitätslehre ist für unsere Zwecke nicht erforderlich. Einerseits wurde bei Brentano die nicht mathematische Bestimmung der Kontinuität hervorgehoben, die ebenfalls als das grundlegende Verständnis des Kontinuums in Husserls Zeitanalysen fungiert. Andererseits erlaubt uns die Diskrepanz der Anwendungsgebiete der Kontinuität zwischen den beiden Philosophen, zu fragen, ob und wie sich Husserls Behauptung des Kontinuums in phänomenologischer Schau auch in subjektiver Richtung, also im inneren Zeitbewusstsein, bewahrheiten kann.

2.4 Henrys Kritik an Husserls Kontinuitätsvorstellung

Die Kontinuität im Hinblick auf die Begründung der absoluten Subjektivität ist alles andere als unerschütterlich. Michel Henry beispielsweise macht eine kritische Bemerkung. Er fordert, die Kontinuität nicht als etwas Unhintergehbares

---

[14] Vgl. Brentano, *Philosophische Untersuchungen zu Raum, Zeit und Kontinuum*, XV.

[15] Ebd., 59.

[16] Z. B. schreibt Husserl: „die Jetztphase ist nur denkbar als Grenze einer Kontinuität von Retentionen, so wie jede retentionale Phase selbst nur denkbar ist als Punkt eines solchen Kontinuums, und zwar für jedes Jetzt des Zeitbewußtseins." (Hua X, 33).

[17] Brentano, *Philosophische Untersuchungen zu Raum, Zeit und Kontinuum*, XXXI.

zu akzeptieren. In der selbstverständlichen Annahme des Kontinuums zwischen Zeitphasen versteckt sich seines Erachtens gerade das Wesen der Subjektivität. Henrys Arbeit an innerem Zeitbewusstsein Husserls kann man darin sehen, die innerliche Spannung des Kontinuitätsbegriffs übertrieben betont zu haben. Meines Erachtens beziehen sich Henrys vielfache Kritiken stets auf die grundlegende Kontinuität im Zeitbewusstsein.

Henrys Hauptthesen bestehen im sogenannten ontologischen Zusammenfallen in Husserls Analyse des Zeitbewusstseins. Unter ‚ontologischem Zusammenfallen' versteht Henry die Unmöglichkeit des Kontinuums. Er macht nämlich verborgene Diskontinuitäten geltend, die der Ablaufmodus keineswegs vermeiden kann:

> Ici se lève devant nous l'une des apories de la phénoménologie husserlienne. La réévaluation ontologique et phénoménologique de la rétention, loin de pouvoir fonder l'extension temporelle et ainsi le continuum du flux phénoménologique en tant que flux homogène et réel, va au contraire les briser. Dès lors la conscience du maintenant, au lieu d'inclure en elle l'extension rétentionnelle qui viendrait l'accroître à la manière d'un «horizon vivant», se trouve au contraire séparée d'elle par un abîme, ramenée à la ponctualité où elle se dissout dans l' idéalité de la divisibilité à l'infini.[18]

Davon ausgehend formuliert Henry die Kritik an Husserls Konzeption des strömenden Zeitbewusstseins:

> Ce jaillissement continuel de l' être sur l' abîme d' un néant qui s' ouvre constamment sous lui, c'est là ce qui confère à la description husserlienne son caractère fascinant, hallucinant même, mais aussi son incohérence ou son absurdité. Le prétendu *continuum* phénoménologique du flux est constamment brisé, sa réalité soit-disant homogène faisant de lui un Tout part en morceaux, c'est une discontinuité radicale et à peine pensable qui s'instaure plutôt entre ces pièces d'être et de néant qui s'échangent constamment en une transsubstantiation magique, en sorte que celui qui se tient sur la crête étroite du maintenant n'a pas seulement un pied sur le sol et l' autre dans le vide, il bascule sans cesse du premier dans le second, titubant comme un homme ivre ou comme l'utilisateur d'un tapis roulant ou d'un escalier mécanique qui les emprunterait à contre-courant: tandis qu'il pose sur la surface mouvante un pas qui se dérobe derrière lui et puis, en toute hâte, un autre afin de ne pas piquer une tête en avant, celui-ci s'est dérobé à son tour et notre héros déséquilibré comme un pantin poursuit sa course saccadée 🕗 qui n' avance pas.[19]

Sieht man von Henrys metaphorischer und starker Polemik einmal ab, hat er an dieser Stelle doch eine ernst zu nehmende Kritik geleistet. Henry argumentiert nämlich, Husserls Verständnis der zeitlichen Ausdehnung sei unvermeidlich zum Scheitern verurteilt, weil jede Wandlung des Ablaufs ein Schritt vom Sein zum Nichts in die Wiedergeburt des Seins ist. Die soeben retendierte Urimpression und die nächstfolgende Urimpression können wegen des unausgewogenen ontologischen Status von Retention und Urimpression nicht kontinuierlich in-

---

[18] Henry, *Phénoménologie matérielle*, 41.
[19] Ebd., 43.

einanderlaufen. Wenn Henry recht hat, dann ist es unvermeidlich, die so gedachte Kontinuität trotz ihrer Unentbehrlichkeit für die konstituierende Subjektivität zu verwerfen. Unbesehen der Frage, ob Henrys Auslegung der Kontinuität bei Husserl die einzig mögliche ist, zeigt seine Kritik allemal, dass eine weitere Begründung (bzw. Erklärung) der Kontinuität bei Husserl fehlt. Natürlich läuft laut Husserl das Zeitbewusstsein in der phänomenologischen Reflexion dynamisch fort. Allerdings bedarf es einer weiterführenden Begründung, wie die Urimpression und ‚ihre' Retention trotz ihrer sehr unterschiedlichen Gegebenheitsweisen immer in dieser Zeitstruktur zusammengehalten werden können, ohne je ganz auseinanderzufallen.

Wie also ist ein Verständnis der Kontinuität im Zeitbewusstsein möglich, das einerseits nicht mathematische Ideation voraussetzt und das anderseits Henrys Kritik via Radikalisierung der Differenz zwischen Urimpression und Retention entgeht? An einer Stelle der *Bernauer Manuskripte über das Zeitbewusstsein* behandelt Husserl die Kontinuität eingehender. Dort erscheint dieses Problem wie ein Widerhall in Husserls späteren Untersuchungen. Husserl räumt ein, er habe geringere Aufmerksamkeit auf den Übergang der kontinuierlichen Modifikation aufgewendet und behauptet, der Übergang solle als das Bewusste für das Bewusstsein gegeben werden. Er schreibt:

> Vielleicht habe ich eine wesentliche Lücke der Beschreibung darin gelassen, dass ich immer nur darauf hingesehen und hingewiesen habe, dass jedes Momentanbewusstsein Protention und Retention in sich birgt und welche Strukturen es in dieser Hinsicht hat, aber nicht davon gesprochen habe, dass für das Bewusstsein des Stromes erforderlich ist, als völlig Einzigartiges, eben das in jedem Moment stattfindende Bewusstsein des „Übergangs". Das Gegenwartsmoment modifiziert sich, geht in modifizierte Ux über, und Modifikation ist in einem Sinn durch ihr eigenes Wesen als Modifikation charakterisiert (nämlich als Bewusstsein-von, Retention-von etc.). Aber Modifikation bedeutet doch auch ein Sich-Wandeln, eben des Ux in das im Wandeln erwachsende Gewandelte (das also Wandlung von jenem nicht nur ist, sondern als Wandlung bewusst ist), ein stetiges Bewusstsein des Strömens, des Seins im Wandel. Die Struktur des Stromes nach seinen Phasen habe ich gegeben, aber das Bewusstsein vom lebendigen Strömen? Was ist aber darüber zu sagen? [...] Notwendig ist ein so strukturiertes strömendes Bewusstsein Bewusstsein von sich als strömendem. Und ist das nicht voll verständlich?[20]

Was das Bewusstsein des Übergangs selbst angeht, zeigt sich hier, wie Husserl Henrys Kritik gleichsam vorwegnimmt. Der Übergang muss für das Bewusstsein durchsichtig gegeben sein, was einer unüberbrückbaren ontologischen Differenz widerspricht. Allerdings scheint sich Husserl an dieser Stelle nicht sicher. Daher endet seine Antwort mit einer Frage. Die Frage erwägt schließlich die Möglichkeit, dass das Bewusstsein von dem Übergang auch unverständlich sein könnte. Die Kontinuität bzw. das Übergangsbewusstsein verlangt also eine tiefe-

---

20 Hua XXXIII, 47.

re phänomenologische Erklärung als den bloßen Ablaufmodus bzw. die doppelte Intentionalität im Bewusstseinsfluss.

Durch diese Erwägungen zeigt sich also, wie es Husserl vor allem auf die Analyse der Zeit-Struktur im Strömenden abgesehen hatte. Bei der Analyse geht es um das formale ‚Apriori' des Zeitbewusstseins, das aus dem konkreten Faktum des Zeiterlebnisses herauszuziehen ist. So bildet diese eidetische Struktur aber notwendig kein ganzheitliches Verständnis des Faktums des fließenden Bewusstseins. Wir stellten bereits fest, wie die Kontinuität zwischen den Zeitphasen und auch ihr Übergang zwar in der eidetischen Analyse angesetzt werden, aber dem ‚eidetischen Blick' dennoch entschlüpfen. D. h., aus ihr selbst heraus kann man nicht erklären, wie die Zeit-Struktur überhaupt kontinuierlich fortlaufen kann, ohne dass dabei der Übergang zwischen den Zeitphasen sich wie eine finstere Nacht unter helllichten Tagen ausnimmt.

Zweifelsohne ist der absolute Fluss nicht das Hauptthema der *Vorlesungen zum inneren Zeitbewusstsein*. John Brough zufolge ist der absolute Fluss die ultimative Dimension des inneren Bewusstseins, die einen unendlichen Regress abhalten soll. Die Gefahr des Regresses wird durch Anwendung des Schemas ‚Auffassung-Auffassungsinhalt' auf den zeitlichen Charakter des Auffassungsaktes unvermeidlich evoziert.[21] Denn die Analyse der objektiven zeitlichen Konstitution ist mit der Analyse der immanenten Konstitution der Zeit-Struktur verknüpft, weshalb die Schwierigkeit in den *Vorlesungen zum inneren Zeitbewusstsein* vorkommt. Husserl nimmt dort an, die Zeit-Struktur bzw. ihre Kontinuität als die beiderseitige Wesensform könne tatsächlich den Bewusstseinsfluss als ganzen verständlich machen. Aber die Problematik der Kontinuität bleibt dafür dort dunkel.

2.5 Die Vorstellung des Erlebnisstroms in den Ideen I

Werfen wir mit diesem Verständnis einen Blick auf die Spannung zwischen Kontinuität und Bewusstseinsfluss in den *Ideen I*. Dort können wir eventuell die erwähnte Tendenz deutlicher einsehen. Obwohl Husserl in den *Ideen I* diesen Fluss nicht dezidiert behandelt, kann man dort zu finden hoffen, welche Rolle der Bewusstseinsstrom in einer ausgereiften Formulierung der transzendentalen Phänomenologie einnimmt.

Husserl schreibt dort: „Der Erlebnisstrom ist eine unendliche Einheit, *und* die Stromform ist eine alle Erlebnisse eines reinen Ich notwendig umspannende Form – mit mancherlei Formensystemen".[22] Dieses ‚und' bekundet, wie Husserl fast keinen Abstand zwischen dem Strom und seiner Form annimmt. Der

[21] Vgl. Brough, *The Immergence of an Absolute Consciousness in Husserl's early Writing*, 255–258.

[22] Hua III/1, 184 (meine Hervorhebung).

Erlebnisstrom ist nichts anderes als das laufende Erlebnis in der dreiteiligen Zeitform[23], wenn das Subjekt ein waches Ich ist. So erklärt sich Husserls Charakterisierung des Flusses als „ein nach allen drei Dimensionen erfüllter, in dieser Erfüllung wesentlich zusammenhängender, sich in seiner inhaltlichen Kontinuität fordernder Erlebnisstrom".[24] Deutlicher als in den Zeit-Vorlesungen besteht Husserl in den *Ideen I* darauf, die durch eidetische Schau erfasste Form des Erlebnisstroms gewahre das Erlebnis, wie es ist. Unterscheiden muss man dabei aber das Erfassen des Erlebnisstroms und das des einzelnen Erlebnisses:

> Im kontinuierlichen Fortgang von Erfassung zu Erfassung erfassen wir nun, sagte ich, in gewisser Weise auch den Erlebnisstrom als Einheit. Wir erfassen ihn nicht wie ein singuläres Erlebnis, aber in der Weise einer Idee im Kantischen Sinne. Er ist nichts aufs geratewohl Gesetztes und Behauptetes, sondern ein absolut zweifellos Gegebenes – in einem entsprechend weiten Sinne des Wortes Gegebenheit. Diese Zweifellosigkeit, obschon auch auf Intuition gegründet, hat eine ganz andere Quelle als diejenige, die für das Sein von Erlebnissen besteht, die also in immanenter Wahrnehmung zu reiner Gegebenheit kommen. Es ist eben das Eigentümliche der eine Kantische „Idee" erschauenden Ideation, die darum nicht etwa die Einsichtigkeit einbüßt, daß die adäquate Bestimmung ihres Inhaltes, hier des Erlebnisstromes unerreichbar ist. Wir sehen zugleich, daß zum Erlebnisstrom und seinen Komponenten als solchen eine Reihe von unterscheidbaren Gegebenheitsmodis gehört, deren systematische Erforschung eine Hauptaufgabe der allgemeinen Phänomenologie wird bilden müssen.[25]

Nach diesem Zitat ist der Erlebnisstrom also im Vorgang der kontinuierlichen Konstitution selbst als Einheit gegeben. Wenn der Erlebnisstrom irgendwie dem Subjekt erscheint, erscheint er bezüglich der fortlaufenden Konstitution dem bestimmten Subjekt als Einheit. In diesem Zusammenhang ist der Erlebnisstrom als Einheit das Synonym von der Einheit des Subjekts, nämlich dem phänomenologischen Ich. Laut Husserl stammt aber das Sein des Erlebnisses aus einer anderen Quelle, nämlich aus der immanenten Wahrnehmung als reiner Gegebenheit. Hier wird der Bewusstseinsstrom als die einheitliche Menge verschiedener Forschungsgegenstände aufgefasst, nämlich der Gegebenheitsmodi der vereinzelten Bewusstseinserlebnisse. Laut den *Ideen I* impliziert der Bewusstseinsstrom also keine substanzielle Stiftung, worauf sich alle Konstitutionen bzw. alle Differenzierungen zurückbezögen. Der Erlebnisstrom bzw. Bewusstseinsfluss ist hier nicht die Quelle sowohl der Zeitform wie ihres Inhalts, sondern ist selbst erst durch das Zusammenspiel von Form und Inhalt bestimmt:

> Das aktuelle Jetzt ist notwendig und verbleibt ein Punktuelles, eine verharrende Form für immer neue Materie. Ebenso verhält es sich mit der Kontinuität der „Soeben"; es ist eine Kontinuität von Formen immer neuen Inhalts. Das sagt zugleich: Das dauernde Erlebnis der Freude ist „bewußtseinsmäßig" gegeben in einem Bewußtseinskontinuum

23 Vgl. Ebd., 185.
24 Ebd.
25 Hua III/1, 186.

der konstanten Form: Eine Phase Impression als Grenzphase einer Kontinuität von Retentionen, die aber nicht gleichstehende, sondern kontinuierlich-intentional aufeinander zu beziehende sind – ein kontinuierliches Ineinander von Retentionen von Retentionen. Die Form erhält immer neuen Inhalt, also kontinuierlich „fügt sich“ an jede Impression, in der das Erlebnis-Jetzt gegeben ist, eine neue, einem kontinuierlich neuen Punkte der Dauer entsprechende an.[26]

Schon in den *Vorlesungen zum inneren Zeitbewusstsein* verweigert sich der Fluss, der weder langsamer noch schneller laufen kann, jeder begrifflichen Bestimmung. Das Herausheben (die Abstraktion) der Zeit-Struktur aus dem Fluss soll nur als eine Annäherung dieses absolut Fließenden betrachtet werden. Doch kann in Bezug auf den zitierten Text in den *Ideen I* festgestellt werden, wie der Fluss im Sinne der absoluten Subjektivität durch den strengen Vollzug der Epoché ausgeklammert wird. Husserl hat sich in den *Ideen I* dafür entschieden, dass die absolute Dimension des Bewusstseins durchaus im Rahmen der Intentionalität ergriffen wird und nur in diesem Rahmen überhaupt ergriffen werden darf. Bemerkenswerterweise schloss Husserl den letztkonstituierenden Bewusstseinsfluss als ein unerreichbares Annäherungsziel schließlich ganz aus. Dazu sagt er: „Die Intentionalität ist es, die Bewußtsein im prägnanten Sinne charakterisiert, und die es rechtfertigt, zugleich den ganzen Erlebnisstrom als Bewußtseinsstrom und als Einheit eines Bewußtseins zu bezeichnen.“[27] Demnach ist der Erlebnisstrom nichts anderes als die intentionale Urform des Strömens und ihre jeweilig zufällig erfüllten Inhalte.[28] Die Untersuchung vom absoluten Bewusstsein verwandelt sich damit bei Husserl in eine Wesenslehre der Subjektivität.

Wenn diese Herausarbeitung der unterschiedlichen Auffassungen des ‚Flusses‘ in den *Vorlesungen* und den *Ideen I* überzeugend ist, sollten wir nun einen Blick auf die berühmte Rezension der *Ideen I* von Natorp in der Zeitschrift *Logos* werfen. Natorp äußerte eine wichtige Kritik an Husserls Auffassung des Flusses.

Zunächst hat Natorp Husserls Studie zu den Wesen des Bewusstseins als „die erste Stufe des Platonismus“ verstanden, sodass laut ihm Husserl beim „starren, unbeweglich im Sein dastehenden Eide stehen geblieben ist“.[29] Husserl habe den nächsten Schritt nicht vollzogen, nämlich „die Eide in Bewegung zu bringen, sie in die letzte Kontinuität des Denkprozesses zu verflüssigen“.[30] Laut Na-

[26] Hua III/1, 183.
[27] Ebd., 187.
[28] Dies lässt sich auf die Vorlesungen zurückführen, in denen der absolute Fluss durch die Zeitanalyse in die verbleibende Form und den wechselnden Inhalt zerlegt wird. Vgl. Niel, *Absoluter Fluss, Urprozess, Urzeitigung*, 70–72.
[29] Natorp, *Husserls >Ideen zu einer reinen Phänomenologie<*, 44.
[30] Ebd.

torp ist genau dieser Schritt eigentlich „der größte und eigenste“ Schritt Platos.[31]

Während diese Kritik das Thema dieser Arbeit nicht berührt, knüpft Natorp jedoch noch weitere kritische Erwägungen daran, die für uns wertvoll sind. Dabei geht es um das reine Bewusstsein, das Natorp als „ursprüngliche Kontinuität“, „ursprüngliche Erwerbung“ definiert.[32] Dies betont Natorp und möchte die ursprüngliche, erworbene Kontinuität begrifflich durchdringen. Natorp nimmt anschließend an, das Erfassen des letztbegründenden Flusses sei auch Husserls Ziel.[33] Darin ist er mit Husserl auch einverstanden. Allerdings sieht Natorp auch einen markanten Unterschied: Husserl verstehe den ‚Bewusstseinsstrom‘ in den *Ideen I* anders als er:

> Husserl denkt doch den Erlebniszusammenhang als kontinuierlichen »Strom«. Die Erkenntnis von ihm aber muß den Strom gleichsam aufhalten, in einem bestimmten Punkte ihn festzuhalten versuchen; dann ist es aber nicht mehr der strömende Strom, auch ist der Unterschied nicht bloß ein solcher der »Vollständigkeit«, sondern durch das »Erfassen« wird das Erfaßte in seinem Charakter verändert; der Strom im Strömen ist etwas anderes als was von ihm in der Reflexion erfaßt und festgehalten wird.[34]

Einsichtsvoll und pointiert bemerkt hier Natorp, dass der Bewusstseinsstrom in den *Ideen I* kein absolut erzeugender Fluss, sondern ein Erlebniszusammenhang ist.[35] Die Erkenntnis des Erlebniszusammenhangs dankt sich Natorp zufolge dem Bewusstseinsstrom. In Natorps Sicht baut Husserl den Bewusstseinsstrom mit Erlebniszusammenhängen auf, aber indem und nachdem er den erzeugenden Strom bzw. die ursprüngliche Kontinuität festhält und analysiert. Daher erhalte Husserl durch Reflexion stets einen nur nachträglich erfassten ‚Bewusstseinsstrom‘ nach Art einer „Grenzenlosigkeit im Fortgange“ [36], der aber mit dem lebendig strömenden nicht gleichgesetzt werden dürfe.

Diese kritische Anmerkung ist zentral und schwerlich abzuweisen. Sie betrifft vor allem die phänomenologische Reflexion, die einzige von Husserl gebilligte Methode im Bewusstseinsstrom selbst. Bei Husserl ist unklar, wie die absolute Subjektivität als ursprünglich strömendes Bewusstsein durch phänomenologische Forschung erreicht werden soll. Natorp hingegen macht den Be-

---

[31] Ebd.

[32] Ebd., 41; 42.

[33] Ebd., 42.

[34] Ebd., 50.

[35] Das begründet er wie folgt: „Die Konstitution des Gegenstandes aber beruht in jedem Fall auf Identifikation, auf »synthetischer Einleit«; diese ist streng so zu verstehen, daß nicht bloß eine Mehrzahl von Noesen sich aneinanderschließt, sondern eine Noese mit einem Noema konstituiert, welches in den Noemen der verbundenen Noesen fundiert ist [...]. Das gilt zuletzt auch für den ganzen Erlebnisstrom. Wie fremd Erlebnisse einander im Wesen auch sein können, sie konstituieren sich in einer Ursynthese insgesamt als ein Zeitstrom. [...] Die Wesensdeskription des Bewußtseins führt stets auf die des in ihm Bewußten zurück“ (Natorp, *Husserls >Ideen zu einer reinen Phänomenologie<*, 58).

[36] Ebd., 55.

wusstseinsstrom bzw. seine ursprüngliche Kontinuität eindeutig als Ziel der Untersuchung geltend. Wahrscheinlich aber meint Natorp mit dem Ausdruck ‚Bewusstseinsstrom' nicht dasselbe wie Husserl in den *Ideen I*. Dort spricht Husserl zwar vom Bewusstseinsstrom, aber dieser Strom ist durchaus intentional bestimmt, d. h. er impliziert hier nicht eine ursprüngliche Synthese, auch keine ursprüngliche Kontinuität bzw. Urquelle, worauf die Intentionalität zurückgeführt werden soll. So zeigt der Bewusstseinsstrom vielmehr den Bereich auf, der sich intentional sowohl konstituiert wie aufdeckt. Die Unerreichbarkeit des Bewusstseinsstroms hat Husserl hier also nicht als Problem gewürdigt. Stattdessen setzt Husserl optimistisch auf die reflexive Analyse seiner Phänomenologie. Demgegenüber macht Natorp das Anhalten und Fixieren des Stroms als unausweichliche Behinderung eines zutreffenden Verständnisses des Bewusstseinsstroms geltend. In diesem Sinne wäre der Bewusstseinsstrom eigentlich eine prä-intentionale Dimension, die noch grundlegender als die zeitliche Struktur des Erlebnisstromes wäre.

Wenn Husserl diesen erzeugendenden Bewusstseinsstrom vom Erlebnisstrom nicht unterscheidet bzw. wenn angenommen wird, der Sinn von Bewusstseinsstrom decke sich restlos mit der Intentionalität und ihrer Grundform der Zeitstruktur, dann kommt die Schwierigkeit der Kontinuität wieder auf, die oben bei Henry hinsichtlich der Kontinuität der Zeitphasen behandelt wurde. Es stellt sich die Frage, ob und wie die ‚Grenzenlosigkeit im Fortgange', die Natorp erwähnt, überhaupt möglich ist, wenn sie nur in Bezug auf die intentionale Analyse gegeben ist. Die Situation verweist auf noch etwas Wesentliches, das beachtet werden muss, um diese nicht-intentionale Dimension im Strom und damit die absolute Subjektivität verständlich zu machen.

3. Hyle oder Materie? Michel Henrys Umsturz der hyletischen Phänomenologie

Die vor- und unzeitliche Hyle, die präphänomenale Zeitlichkeit und die Kontinuität des absoluten Flusses der Subjektivität hängen zusammen und verweisen auf einen Problembereich, zu dem sie gleichursprünglich zu gehören scheinen. Dieser Problembereich wurde in den vorangehenden Kapiteln bei Husserl in den *Vorlesungen zum inneren Zeitbewusstsein* und den *Ideen I* aufgewiesen und stellte sich als ein Grenzgebiet der phänomenologischen Analyse dar. Zur weiteren Vertiefung müssen daher anderweitige theoretische Ressourcen zurate gezogen werden. Dazu bieten sich zunächst die phänomenologischen Untersuchungen von Michel Henry an, in denen er sich kritisch, aber zugleich auch innovativ mit der Position Husserls auseinandersetzt. Bereits im letzten Kapitel war Henrys Kritik am Kontinuitätsproblem bei Husserl Thema. Diese Kritik gehört zu Henrys kritischer Auseinandersetzung mit Husserl und ist Teil seiner phänomenologischen Konzeption der absoluten Subjektivität. Seinen Ansatz nennt Henry in Abgrenzung von der hyletischen Phänomenologie Husserls ‚Materiale Phänomenologie'. Sie hat aber denselben Problembereich, weshalb Henry näher an die Problematik der Hyle bei Husserl heranführt als andere Interpreten.

3.1 Henrys Phänomenologie der Materie

3.1.1 Ontologischer Monismus

Wir gehen auf Michel Henrys Hyle-Auffassung ein, weil Henry gerade von ihr aus eine wertvolle kritische Perspektive auf Husserls Phänomenologie eröffnet. Wenn Henry dabei Husserls Aussagen über Hyle zum Gegenstand macht, bedeutet dies nicht nur eine Revision im Rahmen der husserlschen Phänomenologie, sondern vielmehr ihre Umkehrung.[1] Husserls Hyle-Begriff wird dabei der Ausgangspunkt für das ehrgeizige Projekt der Umkehr und Henrys Konzept einer ‚materialen Phänomenologie'. Ausgehend vom Gesamtkonzept dieser Phänomenologie ist Henrys spezielles Forschungsziel: das Wesen des Phänomens zu begreifen. Er stellt die Frage an die Phänomenologie, „was es einem Phänomen erlaubt, ein Phänomen zu sein; das heißt, sie befragt sich über die reine Phänomenalität als solche".[2] Henry will also die Bedingung der Möglichkeit von Erscheinungen erforschen.[3] Diese grundsätzliche Fragestellung verfolgt er

---

1 Vgl. Waldenfels, *Phänomenologie in Frankreich*, 141.
2 Henry, *Affekt und Subjektivität*. 13.
3 Vgl. Zahavi, *Subjectivity and Immanence in Michel Henry*, 133.

schon in seinem ersten Hauptwerk, *L'essence de la manifestation*. Er ging ihr sein Leben lang nach.

Der Anspruch einer Erklärung des Wesens der Erscheinung ist zunächst nichts Originelles in der Phänomenologie. Er erinnert unmittelbar an Heideggers bekannte Definition des Phänomens im § 7 von *Sein und Zeit*, wo er das Phänomen im Sinne der Phänomenologie als „das Sich-an-ihm-selbst-zeigende, das Offenbare" bezeichnet, im Gegensatz zu von Phänomenen abgeleiteten Erscheinungen.[4] Husserl hingegen versteht unter einem Phänomen etwas, das sich bewusstseinsmäßig als etwas in der „originär gebende[n] Anschauung" bekundet.[5] Diese beiden Zugänge der klassischen Phänomenologie zur Phänomenalität hält Henry für verfehlt. Ihm zufolge kann weder die ekstatische Weltlichkeit des Daseins noch die Anschauung des Bewusstseins die Phänomenalität als solche erklären. Dies deshalb, weil sie sich beide in die traditionelle Denkrichtung einordnen, die Henry als „ontologischen Monismus" bezeichnet.[6] Henry versteht unter dem ‚ontologischen Monismus' den Ansatz, die Essenz einer Manifestation auf nichts anderes als ihre Existenz (Sein) zurückzuführen bzw. auf ihre spezielle Form als ‚Bewusst-Sein'.

Was er unter ontologischem Monismus versteht, erläutert Henry in *L'essence de la manifestation* und er geht dabei auch auf geschichtliche Vorstufen ein. Eine wesentliche Ausprägung findet er bei Fichte. Mit Fichte argumentiert Henry zunächst dafür, der Gegensatz von Bewusstseinsphilosophie und Seinsphilosophie in der Perspektive des ontologischen Prozesses sei nur ein scheinbarer. Henry behauptet in diesem Zusammenhang: „La conscience n'est donc pas autre forme d'existence que celle qui surgit dans le déchirement interne de l'être, elle est bien plutôt cette existence même, cette forme seule et unique de toute manifestation possible."[7]

So arbeitet Henry beim ontologischen Monismus eine gewisse Gleichartigkeit zwischen Bewusstseinsphilosophie und Seinsphilosophie heraus. Einerseits ist das Subjekt (Dasein) nichts anderes als die Form, in der sich das Objekt manifestiert: „Le sujet est l'être de l'objet".[8] Andererseits rekurriert das eigene Sein des Subjekts, nämlich die menschliche Subjektivität, auf „la transcendance du monde"[9]. Subjektivität ist daher entweder als „Être-dans-le-monde" (In-der-Welt-sein) oder als „conscience de quelque chose" (Bewusstsein von etwas) und sie kann sogar als reine Positionalität verstanden werden.[10] Diese Doppelung

---

[4] Heidegger, *Sein und Zeit*, 28–29.

[5] Hua III/1, 51.

[6] Henry, *L'essence de la manifestation*, 91.

[7] Dabei zitiert Henry Fichte: „La conscience de l'être, seule forme et seul mode possible de l'existence de l'être, est dès lors elle-même de façon tout immédiate purement et absolument cette existence de l'être" (Henry, *L'essence de la manifestation*, 95).

[8] Ebd., 107.

[9] Ebd., 109.

[10] Ebd., 108–110.

bedeutet für Henry eine zirkuläre Beziehung zwischen der Innerlichkeit der Subjektivität und der Äußerlichkeit der Objektivität.[11] Die Verflechtung beider ist bei Henry die monistische Vorbedingung oder der monistische Kern, der sich im traditionellen Erkenntnisdualismus von Subjekt und Objekt verbirgt. Henry drückt diese monistische Voraussetzung so aus: „La transcendance est l'existence universelle. L'existence de l'homme est l'existence des choses. La subjectivité du sujet n'est que l'objectivité de l'objet."[12]

Ontologischer Monismus bedeutet also bei Henry die Identität der Subjektivität des Subjekts und der Objektivität des Objekts. Daraus ergeben sich natürlich Konsequenzen sowohl für die Phänomenauffassung als auch für die transzendentale Philosophie überhaupt. Letztere hat für Henry ihre Basis im ontologischen Monismus. Laut dieser Position ist also das Sein des Dinges nicht das Ding selbst, sondern das, was dem Ding zu erscheinen ermöglicht.[13] Der Subjekt-Objekt Dualismus ist hier nur ein Schleier, der die monistische Voraussetzung verbirgt, ganz gleich ob er sich als Philosophie der transzendentalen Subjektivität oder der transzendentalen Existenz des menschlichen Daseins gibt. Für Henry sind daher Husserl und Heidegger ontologische Monisten.

3.1.2 *Affektivität als Grundbestimmung des Lebens*

Henry selbst ist jedoch kein Vertreter des ontologischen Monismus. Er macht es sich vielmehr zur Aufgabe, den ontologischen Monismus infrage zu stellen. Er hält ihn nicht für grundfalsch, jedoch argumentiert er, die Essenz der Manifestation, die Phänomenalität, könne nicht durch diesen monistischen Zugang erschlossen werden. Anstelle des monistischen Zugangs argumentiert Henry, die Essenz der Manifestation sei nichts anderes als die Selbstheit, die jedoch keineswegs in der monistischen Denkrichtung erfasst werden kann. Henrys These lautet: „La manifestation de soi est l'essence de la manifestation."[14] – Die Manifestation der Selbstheit ist die Essenz der puren Manifestation. So ist also das Sein allein, seine pure Manifestation, nicht die Essenz der Manifestation. Die Betonung der ‚Essenz' ist keineswegs ein beliebiges Wortspiel. Vielmehr bringt sie die wesentliche Neuerung der radikalen Lebensphänomenologie Henrys zum Ausdruck. Deren Hauptthese ist, dass die Manifestation des Selbst (soi), oder auch die Affektivität des Selbst, nicht durch die Manifestation des Seins überspielt werden kann. Vielmehr liege das Selbst auch der Manifestation des Seins zugrunde.[15] Während die Manifestation des Seins ihrem Wesen nach mit dem

[11] Henry schreibt: „L'extériorité la plus radicale, ce qui est plus objectif que tout objet, définit l'intériorité la plus intime" (Henry, *L'essence de la manifestation*, 111).

[12] Ebd., 111.

[13] Ebd., 113–114.

[14] Ebd., 173.

[15] Ebd., 173.

Welterscheinen zusammenhängt, impliziert die Selbstheit allein nur einen unmittelbaren unsichtbaren Selbstbezug und setzt als Wesen der Manifestation kein Welterscheinen voraus. Henrys Ausführung dazu erscheint zunächst als sehr klar: „[P]arce que l'essence de la réalité et de la vie réside et s'accomplit, dans l'invisible, on ne peut en effet la trouver dans le monde, rien de ce qui s'exhibe en celui-ci ne peut la contenir ni la rendre manifeste."[16] Auch die Selbstheit gehört daher zu jenem nicht weltlichen Unsichtbaren. Aber an diesem Punkt stellt sich bei Henry methodisch die Frage: Ist ein derartig unsichtbares Selbst ohne Bezug auf die Welterscheinung noch phänomenologisch erkennbar und erfassbar? Beinhaltet es nicht eine nur formale und leere Negation der Welt?[17] Ausgehend von dieser Frage sieht man die große Schwierigkeit Henrys. Er muss den Nachweis erbringen, wie die Manifestation der Selbstheit nicht methodisch ungreifbar, sondern im Gegenteil in sich selbst die eigentliche Grundlage aller Manifestationen der Welterscheinungen ist.

Im Hinblick auf diese Schwierigkeit ist Henrys Argument, das Selbst sei nicht die formale Negation der Welt im Sinne einer logischen Bestimmung, sondern die Affektivität des Lebens. In *L'essence de la manifestation* bestimmt Henry die Selbstheit als Affektivität, und zwar im Sinne einer Selbstaffektion. Der Anspruch auf die weltliche Transzendenz der überlieferten transzendentalen Phänomenologie bleibt dabei von Henrys Konzept der Affektivität ausgeschlossen.[18] Henry zufolge rechtfertigt sich die Affektivität durch ihre eigene Verwirklichung: „L'affectivité est l'essence de l'auto-affection, sa possibilité non théorétique ou spéculative mais concrète, l'immanence elle-même saisie non plus dans l'idéalité de sa structure mais dans son effectuation phénoménologique indubitable et certaine".[19]

Mit der letztgenannten ‚zweifellosen und gewissen phänomenologischen Verwirklichung' meint Henry das absolute Urfaktum des Lebens – eine unsichtbare selbstständige Offenbarung des Lebens. ‚Leben' besagt hier nicht ein ‚Thema' des Denkens, sondern ist ein apriorischer Vollzug, der dem Denken vorangeht.[20]

Konkrete Formen der Affektivität als Lebensaffektivität sind für Henry die Stimmungen und Gefühle des Lebens. Er untersucht in diesem Sinn eingehend etwa Freude, Schmerz, Angst usw. Ihre besondere Beschaffenheit liegt in Henrys Betrachtung darin, dass sie keinen Objektbezug voraussetzen, sondern allein im Selbstbezug stattfinden. Ihre Affektivität beruht auf Selbstaffektion. Dabei unterscheidet Henry sie als reine Affektivität des Lebens von der Sinnlichkeit.

---

[16] Ebd., 565.
[17] Ebd., 571.
[18] Ebd., 579.
[19] Ebd., 578.
[20] Zum umgekehrten Verhältnis zwischen Denken und Leben bei Henry, vgl. Staudigl, *Die Grenzen der Intentionalität*, 24–25.

Er findet es zudem missverständlich, sie als affektive Sinnlichkeit zu verstehen. Er sagt ausdrücklich: „L'affection n'a rien à voir avec la sensibilité avec laquelle on la confond depuis toujours mais lui est bien plutôt structurellement hétérogène."[21] Vielmehr gilt die Affektivität als nichts anderes als das Können des Empfindens (pouvoir de sentir).[22]

Bei Husserl bezieht sich die Sinnlichkeit auf konstitutive Assoziationen innerhalb des Zeitbewusstseins. Er fasst somit die Sinnlichkeit als intentionale Sinnlichkeit auf. Für Henry dagegen ist die Affektivität die nicht-intentionale Dimension der Sinnlichkeit.[23] Daher sagt er: „Wie wir allerdings gesehen haben, ist jene Intentionalität, welche alles sehen läßt, nicht imstande, sich selbst in der Phänomenalität zu begründen."[24] Die Affektivität als Selbstaffektion ermöglicht die Entfaltung der intentionalen Konstitution. Eben deshalb macht die Affektivität keine besondere Sphäre unseres Lebens aus, sondern durchdringt den gesamten Bereich des intentionalen Bewusstseins.

Husserl versteht die Bewusstseinsimmanenz als den Bereich der Empfindung, wo das Empfinden und das Empfundene voneinander nicht unterscheidbar sind. Allerdings wird eine innere Differenz zwischen Empfinden und Empfundenem in der grundlegenden Zeitanalyse exponiert. Das urassoziative Empfinden ist nicht identisch mit den hyletischen Daten, weil ersteres das Konstituierende und letzteres das Konstituierte ist. Angesichts dieser Differenz meint Henry, die Affektivität garantiere die verborgene Identität in der Differenzierung durch Intentionalität.

> L'identité de l'affectant et de l'affecte n'est pas comprise dans l'apport du sens, elle se retient tout entière hors de lui et de ce qu' il exhibe, hors du contenu phénoménologique de l'affection qu' il produit. Elle réside dans l'essence elle-même qui est l'affectant originaire et originairement aussi l'être affecté comme être affecté non dans le sens mais par elle-même. L'identité de l'affectant et de l'affecté est l'affectivité et, comme telle seulement, comme auto affection de l'essence dans son immanence radicale, son Soi, le Soi de l'essence, l'ipséité.[25]

Diese Begründung der Identität führt wieder auf die Selbstbezüglichkeit des Selbst zurück, jedoch muss diese Selbstbezüglichkeit von der des Subjekts streng getrennt werden. Diese Affektivität ist nicht die Affektivität eines konkre-

---

21 Henry, *L'essence de la manifestation*, 578.

22 Vgl. ebd., 579.

23 Zum Verhältnis zwischen Zeit und Assoziation bei Husserl schreibt Henry: „Ainsi le tout de la nature qui ne cesse de nous affecter de ses multiples excitations n'est-il comme tel le sol et le fondement de notre expérience, «le fondement… de tout ce qu'on appelle… expérience», un champ où les données primitives de la sensibilité s'organisent passivement selon les synthèses de l'association et du temps que parce que celui-ci déploie d'abord, audelà de ces données et comme ce qui les donne, l'horizon d'un monde pur" (Henry, *L'essence de la manifestation*, 574).

24 Henry, *Affekt und Subjektivität*, 29.

25 Henry, *L'essence de la manifestation*, 585.

ten Ich.[26] Allerdings wollte Henry die Affektivität auch nicht mit einer anonymen Selbstheit im Allgemeinen gleichsetzen. Laut Henry gibt eine konkrete Bestimmung der Affektivität: Sie ist das ‚Leiden' (le suffrir) des Gefühls. Er sieht das Leiden als „die Essenz der Affektivität",[27] und er denkt dabei an die besondere Struktur des Gefühls in der radikalen Innerlichkeit. Das leidende Gefühl überschreitet sich, es vollzieht seinen Inhalt, beharrt gleichzeitig, und bleibt mit sich selbst identisch.[28] Henry schreibt, „il (le sentiment) s'éprouve lui-même comme dépassé par soi et par sa propre réalité".[29]

Das Leiden gilt Henry zwar als die Essenz der Affektivität, doch ist es nicht die einzige Bestimmung der Affektivität. In der Verwirklichung des passiven Leidens ergibt sich notwendigerweise auch der ‚Genuss des eigenen Seins'. Henry sagt: „dans la passivité du souffrir, le sentiment parvient en soi, devient ce qu' il est, surgit en lui-même dans la jouissance de son être propre."[30] ‚Genuss' meint hier rein phänomenologisch den Genuss jeder Selbstaffektion. So sind also Leiden und Genuss ein zweiseitiger Vorgang innerhalb der Selbstheit in ihrer konkreten Selbstaffektion. Für Henry ist diese Wechselbestimmung der Affektivität von Leiden und Genuss „die apriorische und transzendentale Möglichkeit des Übergangs all unserer Stimmungen oder Befindlichkeiten untereinander".[31] Als apriorische Struktur der Selbstheit ist sie zwar unsichtbar, aber „am konkreten Wesen unserer alltäglichen Existenz ablesbar".[32]

Zusammenfassend argumentiert Henry für die Affektivität, speziell die Selbstaffektion, gegenüber der sinnlichen Affektion im Sinne der Intentionalität. Tengelyi kommentiert: „Von Henry wird nicht einmal die Möglichkeit einer Fremdaffektion ohne innere affektive Empfangsbereitschaft anerkannt."[33] Diese vorbereitete Selbstoffenbarung der Subjektivität bedeutet das authentische Können des Subjektes, das Selbst zu affizieren. Dieses vom Selbst ausgehende Können liegt der Weltoffenbarung zugrunde. Nach Henry ist es daher fehlerhaft, wenn andere Philosophen die Selbstheit des Lebens von der Äußerlichkeit der Objekte her erschöpfen wollen.[34]

Henry lehnt also den Rekurs auf die Äußerlichkeit der Objekte als ein authentisches Können der absoluten Subjektivität entschieden ab. Es stellt sich aber dann die Frage: Wenn das Selbst als die radikale Innerlichkeit sich derart in seiner Selbstheit einkapselt, wie ist dann überhaupt noch ein Weltbezug möglich? Denn wäre es so, dann könnte das Subjekt bzw. Dasein keinen eigenen Be-

---

[26] Vgl. Gondek; Tengelyi, *Neue Phänomenologie in Frankreich*, 122–123.
[27] Henry, *L'essence de la manifestation*, 590.
[28] Vgl. ebd., 590.
[29] Ebd., 590.
[30] Ebd., 593.
[31] Henry, *Affekt und Subjektivität*, 27.
[32] Ebd., 27.
[33] Gondek; Tengelyi, *Neue Phänomenologie in Frankreich*, 130–131.
[34] Vgl. Waldenfels, *Phänomenologie in Frankreich*, 350.

zug zum Seienden entfalten und gleichzeitig kein Selbstbewusstsein haben. Henry muss erklären, wenn das Selbst keinen unmittelbaren Bezug zur Welt in sich findet, wie es dann am Ende doch zum Weltsein kommt und Bezug hat.

3.1.3 Fleisch und Weltoffenheit

Die Problematik des Weltbezugs führt Henry auf das Thema ‚Fleisch'. Er unterscheidet in diesem Zusammenhang den transzendentalen Leib vom intentionalen Begriff des Leibkörpers. Henry sagt, „daß dieser Leib, welcher der unsrige ist, sich völlig von den anderen, nämlich von den das Universum bevölkernden Körpern unterscheidet; es ist kein sichtbarer Leibkörper (corps), sondern ein Fleisch – ein unsichtbares Fleisch (chair)."[35] Dieses Fleisch beinhaltet aber dennoch ein phänomenologisches Gefüge. Einerseits bedeutet es laut Henry nichts anderes als „die Passibilität eines endlichen Lebens", andererseits meint es die Tatsache, „dass jedes Fleisch jemandes Fleisch ist."[36] Und das besagt, dass das Fleisch als das Fleisch eines Individuums sich in der Welt befindet. Die Transzendentalität des Fleisches liegt darin, dass es sich in der Ur-Passibilität des unendlichen absoluten Lebens begründet. Henry erläutert:

> Allerdings ist unser Leben ein endliches Leben. Es ist nur vom unendlichen Leben aus verständlich, in dem es an sich selbst gegeben wird. [...] Ebenso setzt die Selbstimpressionalität, welche jeden Eindruck und jedes Fleisch ermöglicht, die Ur-Passibilität des absoluten Lebens voraus, nämlich die ursprüngliche Fähigkeit, sich gemäß der Weise einer pathisch phänomenologischen Verwirklichung in sich selbst zu begründen.[37]

Das Fleisch ist der Anknüpfungspunkt des Lebens an die Welt. Das bedeutet für Henry, es verwirkliche sich das Fleisch als endliches individuelles Leben im unendlichen Leben. Dass das endliche Leben mit einem Bezug zur Welt gegeben ist, bedeutet letztendlich ein Sich-Erproben des absoluten Lebens. Das transzendentale Fleisch impliziert seinem Wesen nach jedoch nicht die deterministisch-teleologische Regulation der Welt. Es setzt auch kein Erscheinen der Welt voraus, sondern beruht vielmehr auf der Ur-Passibilität des unendlichen Lebens.

So läuft Henrys Denken darauf hinaus, dass sich der Lebens-Begriff differenziert in das Endliche und Unendliche, oder in Passibilität und Ur-Passibilität, obwohl es nach Henry nur ein Leben als das eine und selbe gibt. Wie kann sich da eine Differenzierung des Fleisches bzw. des Lebens ereignen und wie kann da das rätselhaft vielfältige Gefüge des Lebens verständlich gemacht werden? Solche Fragen stellen sich unvermeidlich bei Henry. Eine Antwort findet er in der christlichen Tradition. Er schreibt:

---

35 Henry, *Affekt und Subjektivität*, 30.
36 Ebd., 30.
37 Ebd., 30–31.

> Hier nun kann die Phänomenologie des Lebens ihre Fähigkeit dafür in Anspruch nehmen, nicht länger die Gefangene des traditionellen Philosophiebereichs zu bleiben. Ist sie nicht imstande, gewisse entscheidende Elemente unserer Kultur zu erhellen, welche zu deren nicht-griechischer Quelle, insbesondere zur juden-christlichen Geistigkeit gehören? In dem Maße nämlich, wie jedes Fleisch nur in der Ur-Passibilität des Lebens gegeben wird, enthüllt die Phänomenologie des Lebens das einzigartige Band, welches sich zwischen den beiden, in das Christentum einführenden Worten herstellt, die der berühmte Johannesprolog heraushebt: „Im Anfang war das Wort" sowie „Und das Wort ist Fleisch geworden".[38]

Die Abwendung Henrys vom traditionellen Philosophiebereich und Zuwendung zum Christentum ist bei ihm durch die Schwierigkeit veranlasst, das innere differenzierte Gefüge des Fleisches verständlich zu machen. Allerdings ergibt sich aus dem Zitat auch, wie diese Wende nicht als eine ausweglose Reaktion auf die Schwierigkeit zu sehen ist, sondern als eine bewusst gewollte. Es ist eine neue Perspektive der Lebensphänomenologie, die durch den christlichen Gedanken beseelt wird.

Henry versucht, konkret aufzuzeigen, dass sich die Gegebenheit des Fleisches in der Welt wesentlich auf die christliche Inkarnation bezieht. Er will dabei diese Inkarnation jedoch nicht im Sinne der weltlich-sichtbaren Inkarnation, also der Inkarnation in Jesus verstanden wissen. Vielmehr soll die Inkarnation als verborgene Realität des unendlichen Lebens in jedem endlichen Menschen verstanden werden. Um seinen Gedanken zu untermauern, beruft sich Henry auf Irenäus, bei dem „die Identität zwischen der biblischen Schöpfung durch Einhauchung des Lebens in ein Stück und der Johanneischen Zeugung des Fleisches im göttlichen Wort" behauptet wird. Nach Henry ist es gerade das, was uns der Johannesprolog lehren will: „Alles ist in ihm [Gott] geworden, und nichts, was geworden ist, ist ohne ihn geworden."[39] Diese Erklärung im Anfang des Johannesprologs „erlaubt uns, die göttliche Schöpfung nicht nur als das Ins-Außen-kommen der Welt", sondern auch als „die spezifische Schöpfung der Materie" zu verstehen. [40] Es wird deutlich, wie für Henry das Fleisch in der Wahrheit Gottes seinen Grund findet, indem das Fleisch als Materie durch die Einhauchung Gottes existent wird und so vom unendlichen Leben zum endlichen Leben führt.

Man kann unterstreichen, wie Henrys Berufung auf den Johannas-Prolog und die Deutung des Fleisches als christliche Inkarnation ein Beleg dessen ist, wie ‚Gläubigkeit' sich auch phänomenologisch äußern kann. Nach Henry sind

---

38 Ebd., 31.

39 Dazu schreibt Henry noch: „Das Wort des Lebens ist hingegen die transzendental-phänomenologische, letzte und radikale Bedingung jedes möglichen Fleisches; [...] Das christliche Wort (*Verbe*) konnte in ein Fleisch kommen. Nur im Ur-Pathos seiner Ur-Passibilität kann es mit sich verbinden, was in seiner Selbstimpressionalität im eigentlichen Sinne ein Fleisch ist" (Henry, *Inkarnation*, 404).

40 Ebd.

die Gläubigen diejenigen, die ‚das Geräusch' der verborgenen Realität, des mit Gott verbundenen Geistes hören können. Christus ist als das Wort in der sichtbaren Welt eine Brücke zwischen dem Menschen und seiner tief verborgenen Realität. Er ist als Sohn Gottes der Weg zur inneren Selbstheit des Menschen.

3.2 Henrys Kritik an Husserls Hyle

3.2.1 Materie statt Hyle

Für die Zwecke dieser Arbeit muss nun auf Henrys konkrete Kritik an der hyletischen Phänomenologie Husserls eingegangen werden. Henrys Auseinandersetzung mit Husserls hyletischer Phänomenologie findet sich hauptsächlich im Sammelband *Phénoménologie Matérielle*.[41] Im Vorwort gibt Henry den Hinweis, sein Text solle weder als „eine Arbeit über Husserl" noch als „ein Gespräch mit ihm" gelesen werden.[42] Vielmehr ist seine Auseinandersetzung mit Husserl auf dessen Voraussetzung und Ausgangspunkt in der Phänomenologie gerichtet. Der erste Aufsatz in diesem Band trägt schon den Titel „Phénoménologie hylétique et Phénoménologie matérielle". Henry greift darin Husserls Begriff der ‚Hyle' auf. Henry geht somit mit seinem eigenen Projekt just von der hyletischen Phänomenologie Husserls aus, auch wenn er sich gleichzeitig von ihr radikal distanziert.[43] Der Gegenbegriff ‚Materie' im Titel lässt diese Haltung erkennen. Henry meint damit etwas Entsprechendes und zugleich anderes als ‚Hyle' bei Husserl. Allgemein gesagt bezeichnet Materie „die unsichtbare phänomenologische Substanz".[44] Sie ist jedoch synonym mit dem Sich-Erproben des Lebens in seiner Selbstheit. Im Grunde genommen interpretiert Henry dann die Materie als die absolute Subjektivität des Lebens. Seiner Meinung nach ist Husserls Vorstellung der absoluten Subjektivität als ‚heraklitischer Fluss' unzutreffend.[45] Dies muss im Folgenden bei Henry näher erläutert werden.

Im erwähnten Aufsatz geht Henry zunächst von den Abhandlungen über Hyle bzw. Urimpression aus, die sich bei Husserl in den *Ideen I* und den *Vorlesungen zum inneren Zeitbewusstsein* finden. Die Hyle ist in den *Ideen I* laut Henry das Unbefragte. Die funktionale Bestimmung der Hyle bzw. der Morphe bildet für ihn ein Enigma. Sofern der Gegenstand erst durch Auffassung der hyletischen Daten überhaupt erscheint, muss nach Henry die Frage gestellt werden, wie die hyletischen Daten selbst gegeben sind.[46] In der Subjektivitätstheorie

[41] Henry, *Phénoménologie matérielle.*
[42] Ebd., 10.
[43] Ebd., 10.
[44] Ebd., 7.
[45] Ebd., 10.
[46] Ebd., 27.

können im reellen Erlebnis die hyletischen Daten und die noetische Form nicht gleichberechtigt sein. Nach Henry muss darüber nachgedacht werden: „Laquelle de la ὕλη non intentionnelle ou de la morphé intentionnelle est, en dernier lieu, sub-jectivité, laquelle de la phénoménologie hylétique ou de la phénoménologie de la conscience intentionnelle est la discipline suprême."[47] Anders gesagt ist die Frage: Stiftet die Hyle oder die Morphe den Boden der absoluten Subjektivität? Gerade in diesem Punkt bleibt Husserls Position Henry zufolge unklar. Henry macht auf eine Stelle in den *Ideen I* aufmerksam, wo Husserl vom „formlosen Stoff" bzw. von der „stofflosen Form" redet.[48] Husserl spricht von beiden jedoch nur als den „offen gelassenen Möglichkeiten" .[49] Stoff und Form sollen nach Husserl nur in ihrer funktionalen ‚Korrelation' aufgefasst werden. Dadurch verliert Husserl laut Henry die Chance, „l'essence du sous-jacent de la sub-jectivité"[50] freizulegen. Anstelle der transzendentalen Reduktion Husserls fordert Henry eine radikale Reduktion von aller Transzendenz. Das heißt: Der Bezug auf die Welt als solche ist zu reduzieren. Nur im Vollzug dieser Reduktion könne sich letztendlich die Essenz der Subjektivität enthüllen.

Nach Henry kann die intentionale Morphe ohne Hyle unmöglich existieren. Umgekehrt kann aber die Hyle bzw. ihre Impression existieren, wenn die Transzendenz, nämlich die intentionale Morphe, beseitigt wird. Mit diesem Gedankenexperiment will Henry zeigen, dass die Hyle ursprünglicher und eigenständiger ist als die intentionale Morphe und deshalb als das Fundament der Subjektivität fungieren kann. Gerade in dieser sogenannten ‚formlosen Hyle' versteckt sich der Ursprung der Subjektivität.

Bei Husserl wird die Hyletik als eine eigenartige ‚Disziplin' etabliert. Für Henry ist Husserl dabei noch weit davon entfernt, der ‚Dignität' der Hyletik gerecht zu werden. Die Behandlung der Hyle bei Husserl ergibt sich für ihn vielmehr als „l'incontestable dépréciation du concept de ὕλη".[51] Henry weiß natürlich, dass die Hyle eine wichtigere Rolle für das Erscheinen des Seienden bei Husserl spielt. Aber er problematisiert zunächst, wie Husserl die Hyle als das Material einer allmächtigen Intention überantwortet. Die Hyle ist für Henry kein bloßer Stoff, der erst nachträglich entsprechend der unterschiedlichen Auffassungsmodalität (etwa der Wahrnehmung, der Fantasie, der Erinnerung und ihren jeweiligen materialen Komponenten als Sinnesdatum, Phantasma, Erinnerungsdatum) unterscheidbar ist. Vielmehr verfügt die Hyle ihrem Wesen nach über die Macht, die Modalitäten der Auffassung vorzubestimmen. Daher gilt die Hyle als das erste gegebene Phänomen, wovon die Auffassungsmodalitäten abzuleiten sind. Dazu schreibt Henry: „la hylé n'est-elle pas un simple con-

47 Ebd., 14–15.
48 Hua III/1, 193.
49 Ebd., 193.
50 Henry, *Phénoménologie matérielle*, 15.
51 Ebd., 28.

tenu aveugle pour une prestation noétique qui l'informerait à son gré: ce sont les matières impressionnelles, selon le jeu de leur présentation, qui dictent aux noèses les modalités de leur propre accomplissement."[52]

Ein weiterer Schritt Henrys, die ‚verlorene Dignität' der Hyle bei Husserl zurückzugewinnen, besteht darin, die Hyle auf das Sein des individuellen Objektes zu beziehen. Diese Beziehung ist bei Husserl offenbar nicht vorhanden. Henry schreibt: „la hylé est plus essentielle que la morphé pour la détermination de l'objet, s'il s'agit de considérer celui-ci non pas dans sa condition objective mais dans son être individuel et propre"[53] Henry zufolge bekundet sich das Sein des individuellen Objektes nicht so sehr in der Auffassung, die die Hyle beseelt, sondern vielmehr in der Hyle selbst, wie sie die Objektauffassung allererst fundiert. Nach Henry liegt der Defekt der hyletischen Phänomenologie Husserls also darin: „Pour se résorber dans les problèmes constitutifs et fonctionnels, la phénoménologie devenue intentionnelle ne s'en heurte pas moins constamment a une matière dont ne se passe aucune appréhension, pas même la plus transcendante."[54] Entsprechend prägt sich bei Henry eine andere Auffassung von Hyle aus, die im Gegensatz zum Hyle-Begriff steht, der vom Schema ‚Auffassung-Auffassungsinhalt' ausgeht. Dementsprechend unterscheidet Henry die Gegebenheit der Hyle nach zwei Arten der Urimpression.[55] In der einen wird versucht, die Hyle intentional zu erfassen, wodurch auch das Welterscheinen verständlich gemacht wird. In der anderen ist die Hyle nur in der Impression, die als Impression allem Lebendigen und allem Anwesenden in der Welt anhaftet. Die Hyle der letzteren Art nennt Henry ‚Materie'. Sie kann ihrem Wesen nach nicht intentional aufgewiesen werden. Um weitere Klarheit über diese letztere Hyle als Materie zu gewinnen, beschäftigt sich Henry mit der ‚Impression' im Rahmen des inneren Zeitbewusstseins.

Zunächst ist die Impression der Kreuzungspunkt, in dem Henry das Verhältnis zwischen Hyle und Morphe, wie es bei Husserl besteht, umkehrt.[56] Henry zufolge macht Husserl in der Zeitstruktur einen Primat der formalen Dimension gegenüber dem Inhalt der Urimpression geltend. Der Inhalt, als etwas Bewusstseinsfremdes, kommt nämlich durch Urimpression bzw. die zeitliche Kon-

52 Ebd., 27.

53 Ebd., 27.

54 Ebd., 31.

55 Vgl. Ebd., 29–30. Tengelyi hebt hervor, dass Henry diese zwei Dimensionen der Urimpression als fundamentale Zweideutigkeit bezeichnet. Tengelyi schreibt: „Die erste dieser beiden Gebungsweisen ist die Selbstgebung der Urimpression, der, wie wir wissen, schon Husserl eine bewußtseinsfremde Entstehungsweise zuschreibt. Henry versteht jedoch diese Selbstgebung der Urimpression im Sinne einer affektiven Selbstgebung. [...] Die zweite Gebungsweise, die er [Henry] im Auge hat, ist dagegen von der Intentionalität untrennbar. Sie ist dem Urbewusstsein als einer Jetztwahrnehmung eigentümlich. Henry geht davon aus, dass bei Husserl diese zweite Gebungsweise die erste verdrängt und verdeckt." (Gondek; Tengelyi, *Neue Phänomenologie in Frankreich*, 139).

56 Vgl. Kühn, *Wie das Leben spricht*, 85–87.

stitution erst ins Bewusstsein hinein. Die Zeitform wird also vom Inhalt erfüllt. Im Gegensatz dazu argumentiert Henry: „il [contenu] lui [forme] appartient au contraire et la définit puisque la forme implique le maintenant et que le maintenant implique l'impression. Parce que la forme n'aboutit par soi seule a aucune expérience concrète sans l'impression originaire, c'est donc que celle-ci relève de la forme et la constitue!“[57] Die Impression hat nach Husserl die Funktion, der Form den Inhalt darzubieten. Jedoch ist die Impression nach Henry viel wichtiger, als sie Husserl ansieht. Denn die Zeitform hat laut Henry die Impression in ihrem Eigensein zur Bedingung, um selbst überhaupt erfahrbar zu werden.

Verbunden mit der Frage nach dem Ursprung der Zeit stellt sich mit der Impression auch das Problem der Letztbegründung der Subjektivität. Henry macht geltend, Husserl sei von der anschaulichen Gegebenheit der Impression in ihrer ekstatischen Zeitstruktur so eingenommen gewesen, dass er ihre Archi-Gegebenheit durch Archi-Konstitution überdeckte.[58] In der Perspektive der Archi-Konstitution wird die Impression ‚Randpunkt‘ bzw. ‚ideale Grenze‘ zwischen Vergangenheit und Zukunft. Doch verbindet sich damit die Schwierigkeit des Jetzt-Bewusstseins, sodass das ontologische Gewicht der Impression dem Blick entschwindet.[59] Henry beschreibt an anderer Stelle diese Schwierigkeit deutlicher: „Zwischen den zukünftigen und den vergangenen Phasen betrachtet, welche beide Unwirklichkeiten sind, worin kein reeller Klang ertönt, ist die gegenwärtige Phase, wo es nichts Gegenwärtiges gibt und welche ständig im Nichtsein der Vergangenheit zusammenstürzt, nur der Ort der Vernichtung.“[60] Anders gesagt: Eine wirkliche Grundlage in Husserls Sinn kann im konstituierten Jetzt-Bewusstsein des absoluten Bewusstseinsflusses gar nicht gefunden werden. So kommt Henry darauf, die Annahme einer Kontinuität im Zeitbewusstsein infrage zu stellen. Nach Husserl gehört die Retention ganz selbstverständlich zur Bewusstseinsspontaneität, und zwar im Sinne eines „im Griff-Haltens“.[61] Doch für Henry kann der ontologische Bruch zwischen Impression und Retention trotz Rekurs auf die Bewusstseinsspontaneität nicht überbrückt werden. Jegliche Retention ist nach Henry nur dann möglich, wenn die Impression mit ihrem eigenen Sein stets vergeht. Deshalb sieht er dies nicht als ein ‚im Griff-Halten‘ der Urimpression im Retentionsbewusstsein, sondern als eine Wiedergeburt derselben im Retentionsbewusstsein.[62] Und so kann die kontinuierliche Synthese des Zeitbewusstseins, die Husserl in der Zeitanalyse

57 Henry, *Phénoménologie matérielle*, 48.
58 Vgl. ebd., 30.
59 Vgl. ebd., 36.
60 Henry, *Inkarnation*. 89–90.
61 Hua X, 100.
62 Vgl. Henry, *Phénoménologie matérielle*, 42.

ansetzt, nicht bestehen bleiben, sondern zerfällt Henry zufolge in zwei radikal getrennte ontologische Zustände.

Henry zeigt die ontologische Asymmetrie und Heterogenität in Husserls Konzeption der Beziehung zwischen der Impression und ihrer Retention und lehnt aufgrund dessen Husserls Position ab. Eine Theorie der originären Subjektivität kann sich nach Henry auf keinen Fall auf eine Heterogenität der immanenten ‚Welt' gründen. Auch kann die originäre Gegebenheit der Impression nicht mit der Konzeption des zeitlichen Bewusstseinsflusses erhellt werden. Henry fordert daher, die in der Asymmetrie der Impression und der Retention verborgene Wahrheit der Impression als solche anzuerkennen.

Für ihn ist die richtige Auffassung der Impression unumgehbar mit dem „Prinzip der Absurdität" verbunden.[63] Die Absurdität besteht einerseits darin, wie die Impression als ‚Erstimpressionalität' und als ‚selbstbe-eindruckt' fortläuft. Andererseits erscheint sie als Impression mit ihrer ontologischen Seinsweise in keinem Welterscheinen. Das heißt, sobald die Impression erfahren wurde, gleitet sie sofort in ein ‚Soeben-Gewesen' über. Die Impression kann als Impression bzw. mit ihrer Impressionalität in keiner Ver-äußerung auftreten. Anders gewendet: Die Impression kann sich selbst als Impression nicht empfinden.[64] Vielmehr gibt sie sich so, als würde sie stets im „Außer-sich" „verschwinden".[65] Dieses Verschwinden sagt jedoch nicht, dass wir nichts von der Impressionalität erfahren. Nur verschwindet die Impressionalität, sobald Impression erschienen ist. Wir können also lediglich eine Vorstellung des ‚Verschwindens' haben. Impressionalität darf daher nicht als formale spekulative Seinsvoraussetzung aufgefasst werden. Henry stellt entsprechend die Frage,

> wie sich eine Impression außerhalb der Welt sowie unabhängig von deren Erscheinen, vor dieser, „Am Anfang", als eine in der Tat ursprüngliche Impression selbst innerlich so begründet, dass sie in sich kommt, sich selbst in ihrem eigenen impressionalen Fleisch selbsterprobend erfährt und be-eindruckt – um eine Impression zu sein.[66]

Im Zusammenhang mit dieser Frage kommt Henry auf den Begriff ‚Materie' in Abgrenzung zur ‚Hyle' zurück, um die substanzielle Eigenschaft bzw. die eigene Wirklichkeit der Impression gegenüber ihrer Ver-äußerung anzuzeigen. Die Phänomenologie der Materie bzw. der Impression als Impression ist die Grundlage der Intentionalität. In der Phänomenologie des Lebens heißt das: Das Leben als Materie und Grundlage der Impression ist von vorneherein unsichtbar. Und doch bildet es notwendig die Grundlage der intentionalen Veräußerung. Zum Unterschied zwischen Husserls ‚Hyle' und Henrys ‚Materie' stellt László Tengelyi fest: „Die husserlsche Hyle ist nichts mehr als ein untergeordnetes Mo-

63 Henry, *Inkarnation*, 86.
64 Vgl. ebd., 95.
65 Ebd.
66 Ebd., 95–96.

ment im Ganzen eines intentionalen Erlebnisses, das als solches auf etwas Reales abzielt. Die Henrysche Materie ist dagegen für sich das einzig Reale."[67] Die Urimpression soll also nach Henry zuerst als die Realität des Lebens verstanden werden und nicht nur als Moment der zeitlichen Konstitution. Dies ist die Kernidee von Henrys Kritik der Hyle bei Husserl. Henry formuliert sie schon in *L'essence de la manifestation* und offeriert als Lösungsvorschlag die Selbstaffektion bzw. die Affektivität des Lebens.

3.2.2 Henrys Kritik an Husserls Methode

Wenn Henrys Konzeption der Materie als Affektivität des Lebens richtig ist, stellt sich die Frage: Was verunmöglicht es Husserl, diese Dimension der Urimpression außerhalb des Bewusstseinsflusses bzw. die Materie als reale Lebensoffenbarung freizulegen? Der Grund besteht nach Henry nicht nur in Husserls Eingenommenheit von der intentionalen Analyse der Zeit, sondern auch darin, wie sich Husserl durch die phänomenologische Reduktion den Zugang zur Dimension der Affektivität verschließt.

Für Henry besteht das Verfahren der phänomenologischen Reduktion Husserls im Wesentlichen darin, die Cogitatio in die ‚reine Schau' des phänomenologischen Blickes zu heben. Was mit dieser ‚reinen Schau' gemeint ist, verdeutlicht Henry anhand einer Formulierung Husserls in *Die Idee der Phänomenologie*:

> Ich kann[...], indem ich wahrnehme, rein schauend auf die Wahrnehmung hinblicken, auf sie selbst, wie sie da ist.[68]
> Jedes intellektive Erlebnis und jedes Erlebnis überhaupt, indem es vollzogen wird, kann zum Gegenstand eines reinen Schauens und Fassens gemacht werden, und in diesem Schauen ist es absolute Gegebenheit. Es ist gegeben als ein Seiendes, als ein Diesda, dessen Sein zu bezweifeln gar keinen Sinn gibt.[69]

In diesen Texten kann also Husserl zufolge die originäre Gegebenheit des Bewusstseinserlebnisses in ihrem wahren Vollzug durch die phänomenologische Reflexion anschaulich thematisiert werden. Husserl bezweifelt dabei nicht, dass die reine Schau nur die vergangenen Erlebnisse wieder vor Augen führt. Er betont jedoch, mithilfe dieser reinen Schau könne man sich diese Erlebnisse in ihrer Aktualität, so wie sie sind, vergegenwärtigen. Henry akzentuiert dagegen den Unterschied zwischen dem vergangenen Sein der Erlebnisse und der aktuellen Existenz der Erlebnisse. Seiner Meinung nach ist allein das vergangene Sein der Erlebnisse das, was durch deren reine Schau vergegenwärtigt werden kann. Existenz und Essenz der Cogitatio sind daher mit der reflexiven ‚reinen Schau' gar nicht erreichbar.

---

67 Gondek; Tengelyi, *Neue Phänomenologie in Frankreich*, 140.
68 Hua II, 44.
69 Ebd., 31.

Weiter meint Henry, das Problem bei Husserl bestehe darin, die Existenz der Cogitatio im Vollzug der phänomenologischen Schau könne nichts anderes sein als das, was in der ‚reinen Schau' gegeben ist. Die absolute Cogitatio ergibt sich aber nach Henry als Selbstgegebenheit der Cogitatio für das phänomenologische Sehen. Sie muss daher nach Henry als etwas Zweites angesehen werden. Es geschieht für ihn eine „Verlagerung von der reellen cogitatio bis zum auf sie gerichteten Blick".[70] Er stellt den konkreten Vorgang in dieser Verlagerung so dar: „Die reelle cogitatio ist das Gegebene; der Modus des Gegebenen, das Geben, ist die reine Schau. Sie ist ein absolutes Geben, weil sie nichts anderes als das setzt, was sie wirklich sieht und tatsächlich gibt. Und so ist das Gegebene wirklich gegeben, wird wirklich gesehen und existiert."[71] Henry zufolge wird die Cogitatio Husserls angeblich ‚absolute Gegebenheit' erst nachträglich mithilfe des phänomenologischen Sehens. Die phänomenologische Reflexion funktioniert als „die Wirkung einer äußeren Gebung, die zu ihrem [der Cogitatio] ursprünglichen und eigenem Sein hinzukommt."[72] Die eigene Existenz der Cogitatio, nämlich das ursprüngliche Sein des Erlebnisses, wird in der Reflexion nicht enthüllt, wie sie ist. Irrig verwechselt man sie mit der reflexiven Gegebenheit der Cogitatio. Die ursprüngliche Existenz der Cogitatio ist hingegen die Bedingung der Möglichkeit der reinen Schau, doch erscheint sie selbst nicht in ihr.[73] Folglich kann die Existenz der Cogitatio als die Phänomenalität aller Phänomenalisierung bzw. als die Affektivität des Lebens nicht zur Darstellung kommen.

So gelangt also die transzendentale Reduktion Husserls nach Henry nur dazu, die sekundäre Gegebenheit in den Griff zu bekommen. Um nun die Affektivität des Lebens zu enthüllen, fordert Henry zu einer radikaleren Reduktion auf. Diese radikalere Reduktion ist bei Henry aber eine in die Gegenrichtung. Husserls phänomenologische Reduktion richtet sich darauf, den intentionalen Bezug zwischen Subjekt und Welt zu erhellen. Henrys radikale Reduktion hingegen zielt auf die nicht-intentionale Phänomenalität des Lebens, d. h. auf ein vom Weltbezug befreites Leben.

3.3 kritische Überlegungen zu Henrys Position

3.3.1 Anonymität des Subjekts

Im ersten und zweiten Kapitel war die vor- und unzeitliche Hyle das Thema. In Bezug darauf stellt sich nun die Frage: Kann die Phänomenologie der Materie

70 Henry, *Radikale Lebensphänomenologie*, 68.
71 Ebd.
72 Ebd., 69.
73 Henry, *Nicht-intentionale Phänomenologie und Gegen-Reduktion*, 74.

bei Henry (bzw. seine Phänomenologie der Affektivität des Lebens) die Dunkelheit der Hyle-Impression bei Husserl erhellen? Lüftet diese Materie das Geheimnis, das in der vor- und unzeitlichen Hyle verborgen ist? Diese Frage ist nicht leicht zu beantworten. Sie läuft auf die Frage hinaus, ob die Konzeption der Selbstaffektion bzw. der Materie die Anforderungen an eine Theorie der absoluten Subjektivität erfüllen kann.

Unverkennbar verbindet sich Henrys Konzeption der Affektivität des Lebens mit einer Tendenz zur Anonymität.[74] Daher droht die Konzeption am Problem der Subjektivität zu scheitern, denn diese scheint mit einer Anonymität unvereinbar. Beiläufig mag hier erwähnt werden, wie Henry sogar selbst genau das an Husserl kritisierte. Er schreibt: „Bekannterweise hat Husserl das in letzter Instanz konstituierende Ego der ‚Anonymität' ausliefern müssen."[75] Laut Henrys Auffassung kann deshalb Husserl „dem bitteren Schicksal der klassischen Bewusstseinsphilosophie" nicht entgehen.[76] Denn, um das erkennende Bewusstsein zu setzen, muss ein zweites, auf es reflexives, Bewusstsein herangezogen werden. Die Intentionalität Husserls als Sehen-Lassen braucht eine zweite, höhere Intentionalität, um sich selbst zu sehen, diese zweite dann eine dritte usf. ins Unendliche. Husserls Streben nach der Begründung des Selbstbewusstseins führt in einen infiniten Regress. Doch dieses Problem ist nicht neu. Husserls Zugang zum Selbstbewusstsein reiht sich ein als eine typische Variante innerhalb der gesamten klassischen Bewusstseinsphilosophie. Husserl gerät nach Henrys Meinung daher in dieselbe Schwierigkeit wie die ganze klassische Bewusstseinsphilosophie.

Aber Henrys Kritik betrifft speziell das Problem des Selbstbewusstseins und er sieht den Fehler in Husserls reflexivem Ansatz. Henry ist dabei auch nicht der einzige Kritiker, der Husserls Begründung des Selbstbewusstseins als ein reflexives Modell versteht.[77] Dieser gängige Vorwurf greift aber zu kurz. Denn man findet bei Husserl selbst die Konzeption des Selbstbewusstseins in betonter Abgrenzung zum reflexiven Modell. Dan Zahavi verweist eindrucksvoll auf eine ganze Reihe von Stellen in Husserls Manuskripten, aus denen man ersehen kann, wie Husserl das Selbstbewusstsein vielmehr gerade nicht reflexiv begrün-

---

[74] Gondek; Tengelyi, *Neue Phänomenologie in Frankreich*, 131.

[75] Henry, *Affekt und Subjektivität*, 16.

[76] Ebd., 15.

[77] Manfred Frank argumentiert z. B. ebenfalls, Husserls Theorie des Selbstbewusstseins befreie sich nicht von der Schwierigkeit des Reflexionsmodells der klassischen Bewusstseinsphilosophie. Frank schreibt: „[E]s gibt im Bewußtsein zwei Pole: den Akt und das Bewußtsein des Aktes. Genau darin aber liegt die bleibende Schwierigkeit der Husserlschen Zeitbewußtseins-Theorie, daß sie die behauptete Einheit des Phänomens durch eine Zweiheit von Momenten zu artikulieren gezwungen ist. Mit der Anzeige dieser Schwierigkeit ist nicht schon die Meinung verbunden, sie habe kein fundamentum in re. [...] So prägt sich in Husserls Selbstbewußtsein eine innere Artikulation, der Keim einer Differenz ein" (Frank, Zeitbewusstsein, 65–66).

det.[78] Nach Zahavi fasst Husserl die Selbstaffektion als die nicht-objektivierende Dimension der Urimpression auf, weshalb diese ihre Dimension als Grundlage des präreflexiven Selbstbewusstseins gelten kann. Gleichzeitig stellt Zahavi aber klar, wie sich diese Selbstaffektion bei Husserl, anders als bei Henry, notwendig in Verbindung mit Fremdaffektion ergibt. Das heißt nichts anderes als eine Affektion von etwas Hyletischem, also von etwas Ich-Fremdem im Sinne von Husserl. Zahavi hebt diesbezüglich zwei wichtige Stellen bei Husserl hervor. Bei Husserl lauten sie:

> Dann hätten wir zu sagen, das konkrete Ich hat in seinem Leben als Bewusstseinsleben beständig einen Kern von Hyle, von Nicht-Ich, aber wesentlich ichzugehörig. Ohne ein Reich der Vorgegebenheiten, ein Reich konstituierter Einheiten, konstituiert als Nicht-Ich, ist kein Ich möglich.[79]
> Das Ich ist nicht denkbar ohne ein Nicht-Ich, auf das es sich intentional bezieht. [80]

Nach dieser Darstellung, wie sie Zahavi hervorhebt, hat die Urimpression als eine irreduzible Eigenschaft der Cogitatio zu gelten. Sie kann einerseits wegen ihres Zusammenhangs mit dem Hyletischen nicht im Sinne von Henrys Selbstaffektion verstanden werden und ist andererseits auch nicht als zeitlich Konstituiertes einholbar. Nach Zahavi bedeutet Subjektivität bei Husserl die gegenseitige Konstitution von Selbstheit und Fremdheit. Husserl betrachtet also Subjektivität als die Selbstheit in ihrem Weltbezug. Die Urimpression ist von vornherein der Ort, wo Selbstaffektion und Fremdaffektion innerlich zusammengehalten werden. Treffend zeigt Zahavi auf, dass Husserls Subjekt kein anonymes Subjekt sein kann. Subjekt und mit ihm das Selbstbewusstsein in diesem Sinne setzen auch keinen reflexiven Blick voraus. Darum stößt Husserl auch nicht auf das Problem des oben erwähnten unendlichen Regresses. Das Selbstbewusstsein ereignet sich in der präreflexiven Selbstaffektion anlässlich hyletischer Affektion, das heißt mit Bezug zum Welterscheinen. Und so scheint diese Kritik Henrys an Husserl nicht stichhaltig.

Davon abgesehen erscheint Henrys eigene Theorie des Selbstbewusstseins bezüglich des Problems der Anonymität noch anfälliger als Husserls. Schon auf den ersten Blick überrascht bei Henry, dass der Begriff ‚Selbstaffektion' keine unmittelbare Verbindung mit dem Selbstbewusstsein hat.[81] Wie gezeigt bedeutet Selbstaffektion bei ihm vor allem die Affektivität des Lebens. Sie lässt sich bei Henry eher als eine unendliche Grundbewegung auffassen, auf die aufbauend das Selbstbewusstsein sich erst später in Bezug auf das Welterscheinen bekundet. Es handelt sich bei der Selbstaffektion oder der Affektivität des Lebens

---

[78] Vgl. Zahavi, *Subjectivity and Selfhood*, 50–55.
[79] Hua XIV, 379.
[80] Ebd., 245.
[81] Tengelyi kommentiert treffend: „Das Wort ‚Sich' bezieht sich hier nicht unmittelbar auf ein Ich und sein Selbst, sondern drückt nur die Selbstaffektion des Lebens aus" (Gondek; Tengelyi, *Neue Phänomenologie in Frankreich*, 122).

also nicht um das Bewusstsein eines Selbst im Sinne eines Ich/Mich, einerlei ob es auf reflexiver oder passiv prä-reflexiver Ebene konstituiert wird. Stattdessen geht es um die transzendentale ‚Ipseität' im Sinne der absoluten Ur-Passibilität des Lebens, jedoch nicht als egologische Wesenheit eines Ich/Mich.[82]

Die Materialität des Empfindens verweist also auf ein nicht-egologisches ‚Mich'. Diese Dimension zeigt sich in der Offenbarung von Fleisch als Leben. Parallel verbindet sie sich mit dem Wesen der Subjektivität bzw. mit dem Werden von Sein im Sinne des Lebens und ist so die Ipseität selbst. Hinter den vielfältigen Bestimmungen des Lebens kommt bei Henry aber klar zum Vorschein, wie sich das egologische Selbst-bewusst-Werden ursprünglich auf diese nicht-egologische Selbstheit gründen soll. Dies bestätigt den Eindruck, die Subjektivität werde in ihrer Bestimmung als Selbstheit letztlich auf eine Anonymität zurückgeführt. Diese anonyme Selbstheit, die sich in der Selbstaffektion offenbart, ist der urpassive Lebensvollzug, der sich ebenso auf anonyme Kräfte und Triebe zurückführt. Tengelyi beschreibt das bei Henry sehr klar:

> Je mehr sich die affektiven Anwandlungen zu isolierten Affekten verfestigen, desto ausgeprägter wird diese Tendenz [zur Anonymität]. [...] Aber selbst wenn die affektiven Anwandlungen ihre Flüchtigkeit und Vielgestaltigkeit bewahren, in dem sie sich dem strömenden Lebensvollzug einfügen, spürt man ihren Schwung und Drang als eine Kraft, die aus unvordenklichen Tiefen hervorquillt und sich nicht in die Grenzen des jeweiligen Selbst einschließen lässt.[83]

So besteht bei Henry eine unauflösbare Spannung zwischen der Selbstaffektion als ursprünglicher Individualität und einem unpersönlichen Drang als der Kraft des Sich-Affizierens. Angesichts dieser Spannung scheint Henry gleichsam ‚Zuflucht' bei der christlichen Theologie zu suchen. In ihr findet er die Motivation und Lösung, die Anonymität des Subjekts zu überwinden. Der Ur-Sohn (Jesus Christus) bekommt die Mittlerrolle zwischen Gott und Mensch. Der Ur-Sohn gilt als Modus, in dem sich das Selbst des individuellen Menschen als ‚Wort Gottes' offenbart. Die Selbstheit ist Selbstoffenbarung des Lebens in Gott und entgeht als solche von Anfang an der Anonymität. Es bleibt philosophisch aber höchst fragwürdig, ob und wie Henry es rechtfertigen kann, die Konstitution

---

[82] Hierzu schreibt Rolf Kühn: „Die Materialität des Empfindens entgleitet mithin schon lange vor Husserl der Zeitanalyse auf der Ebene der Selbstheit des passiblen Mich, um sich in das lebendige Selbstempfinden zu verlagern, welches die Offenbarung von Fleisch und Leben unlösbar aneinander bindet. Das Empfinden als innerer Sinn definiert daher die Existenz eines nicht egologischen „Mich", was auf der Tatsache beruht, dass es als Selbstempfinden gleichzeitig das ursprüngliche Wesen der Subjektivität als das Werden von Sein im Sinne des Lebens definiert – und darin das Wesen der Ipseität selbst" (Kühn, *Wie das Leben spricht*, 82).

[83] Gondek; Tengelyi, *Neue Phänomenologie in Frankreich*, 131. (Meine Hervorhebung).

der individuellen Persönlichkeit als ein und denselben Vorgang wie die Inkarnation Jesu Christi anzusetzen.[84]

3.3.2 *Weltoffenheit*

Henry geht davon aus, das innerste Sich-Affizieren vollziehe sich in Bezug auf die Außenwelt vom Sich her. Das heißt, die Außenwelt kann sich dem Subjekt nur in dem Maße geben, wie sich das Subjekt vor und gegenüber der Welt offenbart. Die Sich-Affektion als die Materialität des Lebens funktioniert als das homogene unsichtbare Sich-Bewegen, woraus die Konstitution des Subjekts und seines Welthabens abgeleitet werden. Die innerste Affektivität des Lebens beinhaltet phänomenologisch eine verborgene Homogenität zwischen Ego und Welt. Deswegen wird nach Henry kein ontologischer Verlust des Menschenwesens in Bezug auf das Weltsein eintreten.[85]

Trotz dieses Versuchs, der Sorge um den Verlust des Seins der Welt Rechnung zu tragen, bleibt die Frage ungeklärt, wie das Verhältnis zwischen der Subjektivität in ihrer Ipseität und der subjektiven Gegebenheit der Außenwelt beschaffen ist. Bleibt die Subjektivität als unsichtbare Sich-Affektion für die konkrete Welterscheinung nicht wirkungslos, wenn die Subjektivität ursprünglich nur als apriorische Bedingung des Erscheinens der Außenwelt des Subjekts gedacht wird? Bereits in den 1980ern kommentiert Bernhard Waldenfels: „Die Äußerlichkeit sinkt hier herab zu einem bloßen Akzidenz, demgegenüber die Immanenz des Lebens hilflos wirkt."[86] Wie die Ipseität ‚von einem einzigen Zentrum her' aufgebaut werden kann, ist bei Henry ein Problem. Von daher hält Waldenfels Henrys Darstellung zur Affektivität des Lebens für fraglich. Waldenfels zufolge beruht Henrys These auf „der schroffe[n] Entgegensetzung von Immanenz und Transzendenz".[87] Dabei verlagert Henry gegenüber der Transzendenz das Gewicht einseitig auf die reine Immanenz, wodurch die radikale Innerlichkeit des Selbst die ekstatische Transzendenz der Welt, d. h. die Äußerlichkeit, nicht mehr erreicht. Wenig überraschend ist daher Waldenfels diesbezügliche Grundsatzfrage: „Hat es dann aber noch einen Sinn, von einer reinen Immanenz zu sprechen?"[88] Waldenfels hält es phänomenologisch für verzichtbar, eine

---

[84] Natürlich gibt es andere Lesarten. Was hier als Problem hervorgehoben wird, fasst Rolf Kühn gerade als Henrys großes Verdienst. Kühn schreibt: „Und mit Hinblick auf Schopenhauer und Freud, die ein blindes, unpersönliches ‚Leben' im Sinne einer anonymen Kraft vertreten, bemerkt Henry weiter, dass sein ganzes phänomenologisches Bemühen darin bestanden habe, ‚wie und warum es kein apersonales Leben geben kann', was einen Zusammenhang mit der Grundintuition der Monotheisten darstelle: ‚Gott selbst ist personal' "(Kühn, *Wie das Leben spricht*, 7).

[85] Vgl. Kühn, *Wie das Leben spricht*, 74–75.

[86] Waldenfels, *Phänomenologie in Frankreich*, 355.

[87] Ebd.

[88] Ebd.

Ipseität im Sinne der Sich-Offenbarung der ekstatischen Weltbezüglichkeit gegenüber anzusetzen.

Henrys Ansatz ist klar: Die reine Immanenz des Lebens erscheint keineswegs in der Welt. Von daher stellt sich bei Henry die Frage: Wie kann das unsichtbare Sich-Offenbaren des Lebens mit dem intentional artikulierten Erlebnis des Subjekts verbunden werden und inwieweit kann es noch Auswirkung auf das ekstatische Subjekt haben? Anders gewendet: Wie verharrt die Affektivität des Lebens einerseits in der autarken nicht-horizontalen Lage und lässt doch andererseits ein Subjekt in die Welterfahrung hereintreten? [89]

Nach Waldenfels ist es die Hauptaufgabe der Phänomenologie, die Interdependenz zwischen Selbstaffektion und Fremdaffektion zu erklären.[90] Die Schwierigkeit in Henrys Konzeption entsteht seiner Meinung nach gerade durch die Aufhebung dieser Interdependenz. Henry wollte als die Realität des Subjekts feststellen, wie das Subjekt sich in seinem ‚Leben' in unsichtbarer Lage identisch affiziert, und wie es sich gleichzeitig in der zeitlich innerlichen Ekstase differenziert. Die Bemühung Henrys, also die Sich-Affektion der Subjektivität isoliert von ihrem ekstatischen Sich-Transzendieren zu enthüllen, läuft nach Ansicht seiner Kritiker auf eine trockene Spekulation der Selbstaffektion in abstracto hinaus.

Angesichts dieser Kritik lässt sich fragen, wie Henry zu dem Begriff der ‚Selbstaffektion ohne Fremdaffektion' kommt. Hierbei ist Henrys Bestimmung der Urimpression in einer Rückschau auf die Problematik besonders wichtig. Henry schreibt: „[D]as Gegenwartsbewusstsein – wie jedes Bewußtsein bei Husserl – als intentionales und als genau das, worin es sehen läßt, trägt in sich die uranfängliche Kluft (écart primitif), in welcher jede denkbare Impression bereits als von sich getrennt vernichtet ist."[91] Die ekstatische Veräußerung der Urimpression wird bei Henry von vornherein als ihre innerliche ‚Vernichtung' aufgefasst. Mehr als die Behauptung, die Zeitigung (Veräußerung) der Urimpression sei die ‚Vernichtung' ihrer Selbstgebung, offeriert er aber nicht. Henry versäumt es so, das Verständnis der ‚Vernichtung' einer Urimpression zu vermitteln und zu zeigen, „wie die neue Impression unaufhörlich in der Ek-stase des Flusses zerstört wird".[92] Vorschnell lenkt er die Aufmerksamkeit darauf, „wie sich eine Impression außerhalb der Welt sowie unabhängig von deren Erscheinen, vor dieser, ‚am Anfang', als eine in der Tat ursprüngliche Impression selbst innerlich so begründet, sie in sich kommt, sich selbst in ihrem eigenen impressionalen

---

89 Diesen Punkt kritisiert Zahavi analog zu Waldenfels: „He [Henry] never presents us with a convincing explanation of how a subjectivity essentially characterized by such a complete self-presence can simultaneously be in possession of an inner temple articulation; how it can simultaneously be directed intentionally toward something different from itself;" (Zahavi, *Subjectivity and Immanence in Michel Henry*, 146).

90 Vgl. Waldenfels, *Bruchlinien der Erfahrung*, 186ff.

91 Henry, *Inkarnation*, 94–95.

92 Ebd., 95.

Fleisch selbsterprobend erfährt und be-eindruckt – um eine Impression zu sein."[93]

‚Vernichtung' besagt hier natürlich nicht, die Impression werde ein Nichts, sondern sie werde aus ihrer reinen Selbstaffektion entfremdet. Um die Absolutheit der impressionalen Subjektivität freizulegen, fordert Henry, jede intentionale Weltbezüglichkeit radikal auszusetzen. Er schreibt: „Originär oder ursprünglich kann mithin nurmehr dies bezeichnen: Was vor jeder Intentionalität und unabhängig von dieser in sich kommt; [...] Was in der Tat am Anfang, vor der Welt, außerhalb der Welt kommt"[94]. So ist das Wesen der Subjektivität nach Henry a-kosmisch. Die Selbstaffektion ist dabei das Nicht-Welthafte und ohne Fremdaffektion konzipiert.

Trotz seines a-kosmischen Wesens soll dem Subjekt der wirkliche Bezug zum weltlichen Seienden innewohnen. Doch wenn das Weltsein bei Henry auf diese Weise problematisch wird, ist seine gesamte Position nicht stichhaltig. Eine Erklärung zum äußerlichen Weltzugang des Subjekts versucht Henry in dem, was er zum ‚lebendigen Leib' sagt. Bewirkt durch den lebendigen Leib kommt nach Henry weltliches Seiendes zur Erscheinung. Denn für ihn gibt es eine Selbsterscheinung in der Außenwelt. Aber der lebendige Leib lässt sich nicht in Rückgriff auf die Welt erklären, sondern nur vom Leben selbst her. In dieser Problemlage rückt dann bei Henry der christliche Gedanke in den Mittelpunkt: Das Verhältnis des Lebens zum Lebendigen versteht sich nach Henry wesentlich vom nicht-welthaften ‚Wort Gottes' bzw. ‚Logos' im johanneischen Sinne her.[95] Das Welthaben ereignet sich also im rein immanent entfalteten Weg vom Leben zum Lebendigen als die Inkarnation Gottes. In Henrys Sicht ist es keine Ausflucht, sondern sinnvoll, die Weltoffenheit des Subjekts, und das heißt die Homogenität des Lebens und der Welt, vom christlichen Evangelium her neu zu begründen. Das Leben, als sich-affizierend entfaltete Kraft, ist dabei von der Welt unabhängig. Umgekehrt kommt die Welt in der Parusie des Lebens allererst zum Vorschein und erscheint anschließend in notwendiger Übereinstimmung mit dem immanenten Leben.[96] Wie schon gezeigt, kritisieren sowohl Waldenfels als auch Zahavi bei Henry die Entkopplung von Selbstbezug und Fremdbezug. Die so isolierte Immanenz macht den Weltbezug bei Henry zum Problem. Die Subjektivität an sich ist als weltlos der unsichtbare Grund, dem gegenüber die Welt sich dann wie eine Hypostasierung ausnimmt. Es ist sinnlos, zu fragen, wie diese isolierte Subjektivität sich in die Welt transzendiert,

93 Ebd., 95–96.
94 Ebd., 95.
95 Vgl. Kühn, *Wie das Leben spricht*, 51; 55; 296.
96 Vgl. ebd., 321.

weil sie sich gar nicht in die Welt transzendiert. Die Welt wird zum beiläufigen Begleitphänomen, eine Art Nebenprodukt des sich-erprobenden Lebens.[97]

Die Kritik an Henry scheint also berechtigt. Mit der Insistenz auf der Selbstaffektion ohne Fremdaffektion entwickelt er eine Theorie, die das Welthaben des Subjekts erklären soll. Jedoch ist seine Erörterung des Welterscheinens bedenklich, wenn man den entscheidenden Schritt in Henrys Argumentation näher betrachtet: die unüberbrückbare Kluft zwischen der absoluten Subjektivität mit ihrer dynamischen Immanenz des Lebens und dem ekstatischen Welthaben des Subjekts. Die Konsequenz aus dieser Kluft ist: Die absolute Subjektivität findet sich in ein Jenseits der Welt versetzt. Die vor- und unzeitliche Impression, an die Henry dabei anknüpft, impliziert keineswegs ihre Zerstörung oder Vernichtung, auch wenn sie sich intentional nicht zeigen kann. Die theologische Zuflucht zur Inkarnation Christi, an die Henry hier schließlich appelliert, kann weder phänomenologisch noch spekulativ bestätigt werden.

3.3.3 *Schlussüberlegung*

Phänomenologisch zielt Henry darauf ab, die Selbstaffektion als Lebenskraft von sich her gegenüber der intentionalen Ekstase im Bewusstseinsfluss geltend zu machen. Die Selbstaffektion ist als die vorantreibende Kraft des Lebens nach Henrys Argumentation nicht mit der Außenwelt verbunden, sondern von ihr unabhängig. Deshalb setzt er die intentionale Ekstase (intentionale Weltbezüglichkeit) durch eine Gegen-Reduktion radikal außer Geltung. Auch wenn Henry damit scheitert, bedeutet dies gleichwohl nicht, es müsse *jede* Konzeption einer nicht-intentionalen Impression bzw. Weltbezüglichkeit des Subjekts scheitern. Es könnte auch beispielsweise eine ebenso un- und präintentional gegebene Welt mit dieser ‚Affektivität des Lebens' verknüpft sein. Henry geht über diese Möglichkeit jedoch hinweg und nimmt einseitig ein nicht-welthaftes Leben als das Wesen der Subjektivität an.

Doch seine Konzeption lässt sich auch weiterdenken, denn man könnte anstelle von Henrys Bestimmung der Affektivität als Selbstaffektion ohne Fremdaffektion ein affektives Leben mit nicht-intentionalem Weltbezug erwägen. Dieses affektive Leben könnte faktisch mit der Außenwelt verbunden sein, obwohl es seiner Kraft nach keineswegs nur von der Außenwelt abhängig wäre. Die Frage, wie sich die Selbstaffektion in ihrem Selbstsein veräußert, müsste man dann nicht, wie bei Henry, als Frage nach einer weltlosen Affektivität verstehen. Vielmehr beträfe die Frage nach der Affektivität dann ein weltvolles Leben in seinem un- und präintentionalen Außensein.

---

[97] Zum Verhältnis von Ipseität und Welt bei Henry sagt Hermann Schmitz treffend: „Dieser Rückzug in rein innerliche Affektivität entspringt auch dem Entsetzen vor der Neutralität der nackten objektiven Tatsachen, die sich gleichgültig registrieren" (Schmitz, *Ausgrabungen zum wirklichen Leben*, 162).

Diese Alternative zu Henrys nicht-welthafter bzw. a-kosmischer Subjektivität müsste jedoch eine nicht-intentionale Weltbezüglichkeit des affektiven Lebens allemal begrifflich rechtfertigen. Eine nicht-intentional gegebene Welt und ihr Leben könnte jedoch auf den Bereich der Triebe und Instinkte verweisen. Henry selbst thematisiert einen ‚Trieb'. Allerdings versteht er darunter lediglich die konkrete Charakterisierung der Materie des affektiven Lebens.[98] Macht es aber Sinn, einen Trieb in die hermetisch isolierte Ipseität zu verlegen? Sicher ist ein Trieb eine selbstbewegende Anstrengung, aber ohne widerstehende Außenwelt fehlt ihm jeder Bezugspunkt. Dies führt Max Scheler mehrfach aus. Passend dazu findet man auch in Husserls späteren Arbeiten viele Erwägungen zum Thema ‚Trieb', der dort auch wesentlich zusammenhängend mit einem neuen Gebrauch des Hyle-Begriffes konzipiert wird. Um nun die Subjektivität in dieser nicht-intentionalen Weltbezüglichkeit in Abgrenzung zu Henrys Position zu verfolgen, wird nun der Blick auf den ‚Trieb' in diesem Sinne gerichtet.

Das nächste Kapitel leistet entsprechend eine komparative Untersuchung des Bezugs Trieb-Hyle bzw. Instinkt-Hyle bei Husserl und Scheler. Es zeigt sich dabei eine Entsprechung zwischen Husserls transzendentalphänomenologischer Analyse des Hyletischen im Bewusstseinsleben mit der Stufenfolge der Lebewesen bei Scheler. Dies wird wohl kaum reiner Zufall sein. Die Resonanz zwischen den philosophischen Resultaten Husserls und Schelers versteht sich aus dem einheitlichen Lebensvorgang. Die anthropologische Perspektive lädt hier zum Nachdenken ein, ob es eine nicht-intentionale Außenweltdimension im Trieb bzw. der Hyle der triebhaften Tätigkeiten gibt, die sich dem Blick der phänomenologischen Reflexion und ihrer Abwandlungen entzieht. Die Hyle-Impression in diesem Sinne, als die Selbstaffektion im Leben, impliziert jedoch unentbehrlich die Außenwelt.

Es soll abschließend jedoch nochmals Henrys großes Verdienst hinsichtlich der Hyle-Problematik betont werden. Henry zeigt eine Autonomie im Wesen der absoluten Subjektivität auf, die in keinem intentionalen Weltbezug begrifflich erfasst werden kann. Diesbezüglich hat Henry zutreffend herausgestellt, die ‚Hyle' sei nicht auf äußere Sinnesreize eingeschränkt, sondern betreffe eine Dimension der Selbstaffektion des Lebens. Husserl handhabt zwar Schmerz und Lust als ein nicht-intentionales Hyletisches. Er bringt aber nicht klar zum Ausdruck, dass die Hyle mit der Selbstaffektion des Lebens vor dem intentionalen Weltbezug des Lebens verbunden sein muss.[99] Henrys Auseinandersetzung mit Husserls ‚Hyle' eröffnete so erst den Raum, den verborgenen Sinn im Hyle-Begriff, wie er sich aus der Perspektive einer Lebensphänomenologie abzeichnet, zu untersuchen. Henry ist also zu danken, wenn hier das Verständnis für eine

[98] Vgl. Gondek; Tengelyi, *Neue Phänomenologie in Frankreich*, 147–150.

[99] Husserl hat in den *C-Manuskripten* das transzendentale Leben noch behandelt, aber dieses transzendentale Leben darf nicht mit dem nicht-intentionalen Leben vermengt werden.

noch tiefer liegende Schicht der ‚Hyle' freigelegt wurde. Diese Schicht soll nun noch näher untersucht werden.

4. Hyle der Instinkte: Husserl und Scheler im Vergleich

Das vorliegende Kapitel thematisiert die ‚Urhyle', von der der späte Husserl sprach. Husserl kam in seinen Überlegungen bezüglich der Problematik der Hyle zu keiner letztgültigen Entscheidung, weswegen sich der Blick auch auf die ‚Urhyle' lohnt. Auffallend ist: Von Urhyle spricht Husserl in zahlreichen Manuskripten im Kontext seiner Erwägungen zu Instinkten, die ein besonderer Aspekt der Hyle-Problematik sind.

In den vorhergehenden Kapiteln wurde die Hyle hinsichtlich des Zeitursprungs und der absoluten Subjektivität betrachtet. Eine Spannung innerhalb Husserls Ansatz zur Hyletik wurde dabei jedoch noch nicht gründlich besprochen. Diese Spannung entsteht durch zwei unterschiedliche theoretische Haltungen zur Hyle. Einerseits ist sie der Anlass und Grund aller konkreten Welterfahrung, wobei das Hyletische als die materielle Grundlage der empirisch erfahrenen Welt fungiert. Andererseits interessiert sich Husserl auffallend wenig für derlei ‚empirisch Zufälliges' und richtet sein Augenmerk lieber ganz auf die apriorischen Wesensformen des Bewusstseins. Beide Richtungen sind jedoch wesentlich ineinander verschlungen, was sich besonders deutlich in den *Vorlesungen zum inneren Zeitbewusstsein* zeigt. Die Schnittstelle beider Richtungen bildet der hier entwickelte Begriff der ‚hyletischen Impression'.

Die Unterscheidung und ebenso Identifizierung von Hyle (Urhyle, Urempfindung) und Impression (Urimpression) kommt dabei immer wieder bei Husserl vor. Kann es sich dabei aber plausibel lediglich um eine an sich nichtige Perspektivierung handeln, die sich rein aus der jeweils verfolgten phänomenologischen Sichtweise versteht? – Einiges spricht dagegen. Zuerst sind dies Schwierigkeiten, die die formale Analyse des Zeitbewusstseins in sich birgt. Viele Forscherinnen und Forscher bemängeln die Nachträglichkeit des Bewusstwerdens der Urimpression. Die formale Struktur einer Urimpression lässt sich jedoch nur vermittels ihrer selbst, also ihres hyletischen Kerns, überhaupt ‚bewusst machen'. Husserl merkte wie gesehen selbst an, etwas Unbewusstes könne sich nicht retendieren. Dazu hat Husserl in den *Vorlesungen zum inneren Zeitbewusstsein* das Urbewusstsein eingeführt, allerdings wurde dieses Urbewusstsein von Husserl nicht befriedigend erklärt. Indirekt fordert er damit jedoch eine sich-affizierende Dimension der Subjektivität. Die Selbstaffektion in der Urimpression, die Präsenz des menschlichen Lebens, gilt als gemeinsamer Ursprung sowohl der formalen Bestimmung der Urimpression als Element der Zeitstruktur wie auch der hyletischen Gegebenheit. Als bewusste Gegebenheit kommt sie jedoch nicht vor. In anthropologischer Perspektive wird dieser Urimpression (Urhyle) jedoch ein triebhafter Charakter zugedacht. Das ‚Triebhafte' bezeichnet eine niedrigstufige Dimension der Urimpression. Diese Dimension befindet sich in den tiefsten Schichten der Subjektivität, in denen sich die allererste Umweltbegegnung des Subjekts vollzieht. Die un- und vorintentionale Hyle-Impression bzw. die Affektivität des Lebens könnten auch in dieser Richtung erforscht werden. In seinem Spätwerk kehrt sich Husserl deutlich ab von der Annahme eines apriorischen Subjekts und wendet sich der Erforschung eines umfassenden Lebensprozesses zu, bestehend aus Instinkten, die die Konstitution des Lebens mitbestimmen. Diese Entwicklung in Husserls Denken harmoniert mit dem hypothetisch vollzogenen Weiterdenken von Henrys Position im letzten Kapitel. Doch zeigt sich etwas wie welthafte Affektivität des Lebens irgendwo bei Husserl? Um hier weiterzukommen, ist eine klare Abstufung von Husserls Konstitutionsanalyse des ‚Hyle'-Konzepts in seiner Spätphase gefordert.

4.1 Die Triebintentionalität

Anders als die übliche Dichotomie von Instinkt (Lust) und Vernunft in der philosophischen Tradition, stellte Husserl die passive Dimension nicht der menschlichen Rationalität gegenüber. Vielmehr sah er sie als die ursprüngliche Anlage eines teleologischen Lebensprozesses zum Vernünftigen hin. Bei Husserl heißt diese Dimension „die verdunkelte Vernunft" oder „Vernunft im Instinkt",[1] die sich als Hinneigung zum rationalen Selbstsein und seinem Welthaben weiter ausprägt. Man könnte die ganze Transzendentalphänomenologie Husserls als eine Phänomenologie des so bezeichneten Instinktes ansehen, insofern Husserl selbst betont, die Urtriebe und Urinstinkte seien die Quellen alles Könnens bzw. aller Könnenssysteme.[2]

Im Folgenden wird zunächst die ursprüngliche Triebintentionalität bei Husserl thematisiert, wie sie wesentlich mit der Gegebenheit der Urhyle und der passiv konstituierten Bewusstseinsleistung zusammenfällt. Obwohl die Manuskripte aus der Zeit der 1930er erst im jüngsten Band der Husserliana textkritisch erschlossen wurden, ist die bisherige Forschung zur genannten Problematik schon sehr fruchtbar gewesen. Nahezu allgemein anerkannt ist es, die Phänomenologie der Instinkte als eine Vertiefung der passiven Synthesen zu sehen.[3] Darüber hinaus argumentieren manche Forscher für den Instinkt als Grundbegriff der Phänomenologie und sehen daher die späte transzendentale

[1] Hua XLII, 86.

[2] Ebd., 102.

[3] Vgl. Hart, *Genesis, Instinct, Reconstruction*, 111; Vgl. auch Bower, *Husserl's Theory of Instincts as a Theory of Affection*, 133–147. Bower vertritt die Position, Husserls spätere Erwägungen zu Instinkten bewegten sich thematisch in der gleichen Richtung wie die *Analysen zur passiven Synthesis*.

Phänomenologie Husserls vornehmlich als eine Phänomenologie der Instinkte.[4]

Anders als in diesen Beiträgen, aber trotzdem orientiert auch an ihren Resultaten, soll hier zunächst versucht werden, Husserls Auffassung vom Instinkt im Zusammenhang mit der Konstitutionsanalyse der Hyle darzustellen. Im Zuge dessen soll auch gefragt werden, wie sich diese Auffassung Husserls zur philosophischen Anthropologie Schelers verhält. Denn in Schelers Hauptwerk *Die Stellung des Menschen im Kosmos* wird ausgeführt, wie grundlegend sich der instinktive Zugang zur Umwelt des Tieres von dem des Menschen als Person mit seiner Vergegenständlichungsfähigkeit unterscheidet. Schon früh vertrat Manfred S. Frings die These, Husserl messe in seinen späten Jahren der Instinktsphäre eine größere Bedeutung zu und nähere sich damit der Dranglehre Schelers.[5] Vor dem Hintergrund dieser Bemerkung Frings setzt sich die folgende Untersuchung drei Ziele: Zuerst wird versucht, Husserls spätere Konzeption der Hyle aus den *C-Manuskripten* und den *Grenzproblemen der Phänomenologie* zu systematisch zu rekonstruieren. Anschließend verweisen wir auf die Fruchtbarkeit dieser triebhaften Gegebenheit der Hyle aus Sicht der philosophischen Anthropologie Schelers. Schließlich wird erarbeitet, inwiefern sich die Interpretation der Urhyle bezüglich der Instinkte als anschlussfähig an Schelers Stufenschema erweist.

Auf den ersten Blick ist es nach Husserl problematisch, die ‚triebhafte Hyle' und die verbundenen anthropologischen Annahmen phänomenologisch ernst zu nehmen. Denn im Vortrag *Phänomenologie und Anthropologie* (1931) trennt Husserl beide Forschungsansätze radikal. Seiner Meinung nach steht die damals festzustellende Hinneigung zur philosophischen Anthropologie der transzendentalen Phänomenologie entgegen. Der Widerstreit zwischen beiden wurzelt ihm zufolge historisch im neuzeitlich abweichenden Verständnis des Subjekts. Die philosophische Anthropologie, die vom menschlichen Dasein ausgeht, könne niemals ihre naive Daseinssetzung radikal hinterfragen.[6] Trotz dieses Widerspruchs ließ Husserl auch ‚eine Anthropologie' im Rahmen der transzendentalen Phänomenologie zu, nämlich eine intentionale Psychologie. Diese enthüllt die psychologisch-phänomenologische Konstitution der Welt als menschliche ‚Vorstellung'. Diese phänomenologisch reflektierte Anthropologie kann zudem aufgrund des Parallelismus zwischen intentionaler Psychologie und transzendentaler Phänomenologie die „innere Affinität" mit der transzendentalen

4 Lee, *Edmund Husserls Phänomenologie der Instinkte*, 235–238.

5 Frings, *Max Scheler: Drang und Geist*, 12.

6 Dazu Husserl: „Denn es ist sofort klar: Jedwede Lehre vom Menschen, ob nun empirisch oder apriorisch, setzt seiende Welt bzw. möglicherweise seiende voraus. Philosophie vom menschlichen Dasein her fällt also in jene Naivität zurück, die zu überwinden, wie wir meinen, der ganze Sinn der Neuzeit ist"(Hua XXVII, 179).

Phänomenologie noch besser verständlich machen.[7] Tatsächlich hat Husserl auch anderswo die Anthropologie in positivem Sinne als universale Geisteswissenschaft in Bezug auf den seienden Menschen in der Welt verstanden.[8] Dazu schreibt er: „Die Anthropologie als Wissenschaft von der universalen Menschheit in der Welt erforscht, wie beschaffen Menschen sind. Sie sind, sieht sie, als Subjekte, die sich auf sich selbst und alles andere Weltliche mannigfaltig beziehen und evtl. darin wissenschaftlich beziehen und darin wieder anthropologisch beziehen."[9] Von dieser Problematik ausgehend kann man festhalten: Es gibt keinen Widerspruch zwischen einer phänomenologischen Betrachtung des Menschen wie bei Husserl und der philosophischen Anthropologie Schelers. Daher sollten wir nicht die anthropologische Perspektive von Anfang an ausschließen. Denn ein Gespräch zwischen Husserls Phänomenologie und Schelers Anthropologie könnte besonders für die Klärung des Hyle-Begriffes fruchtbar sein.

4.2 Vorüberlegung zur Hyle in den C-Manuskripten

Schon in den *Logischen Untersuchungen* macht Husserl auf eine besondere Art von Empfindungen aufmerksam, nämlich die nicht-intentionalen Gefühle (z.B. Schmerz, Lust als Gefühlsempfindung, Begehrungsempfindungen), die sich in der Gemütssphäre befinden. Als immanente sind sie nicht bereits eine Auffassungsleistung, etwa eines objektivierenden Aktes. Husserl sieht darin somit eine von der Auffassung noch unabhängige Gattung der Gefühlsempfindung, in der eine Intention auf etwas Unbestimmtes gegeben ist. An diese Idee, die Husserl in den *Logischen Untersuchungen* erstmals dargestellt hat, sei hier als Ausgangspunkt zu seiner Lehre der triebhaften Hyle in den *C-Manuskripten* erinnert.

In den *C-Manuskripten* versucht Husserl, alles zeitlich Konstituierte, ja sogar den Bewusstseinsstrom selbst, orientiert am Maßstab der lebendigen Gegenwart erneut anzugehen. Obwohl die *C-Manuskripte* nach keiner systematischen Einheit entworfen und auch nur chronologisch bzw. thematisch sortiert sind, versteht Husserl dort durchgehend die Hyle in ihrer lebendigen Gegenwart aus dem beteiligten Ur-Ich.[10]

An dieser Stelle stellt sich natürlich die Frage, wie die beiden gegenüberstehenden Elemente in diesem Prozess der Urzeitigung überhaupt vereinigt sind,

---

[7] Hua XXVII, 180–181.

[8] Husserl bekräftigt: „Das Sein der Welt ist vorausgesetzt, alle Welterkenntnis erforscht seiende Welt. Zur seienden Welt gehört auch der handelnde Mensch, hineinhandelnd in die ihm in einem Sein vorgegebene Welt, er will sie anders, erkennt in ihr im einzelnen praktische Möglichkeiten des Andersseins, und danach handelt er" (Hua XV, 480).

[9] Hua XV, 481.

[10] Hua Materialien VIII, *Die C-Manuskripte*, 73.

nämlich der identische Ich-Pol und die zufällig sich abwandelnden Inhalte.[11] Husserl hat in immer tief gehenderer Analyse diese Frage zu beantworten versucht. Seine Analyse hebt dabei stets hervor, wie dieses Ur-Ich notwendig mit der Konstitution des Wahrnehmungsfeldes mitgegeben ist. Für ein waches Ich beziehen sich alle seine psychischen Phänomene auf das Ur-Ich. So gesehen ist das Hyletische nicht bloß das dem Ich Fremde, sondern vielmehr ‚von Anfang an' auch das dem Ich Verfügbare (vor allem anderen Erlebbare). Aber wie ist diese Koordination der untersten Hyle mit dem untersten Ich möglich? Was erlaubt diese gleichzeitige Affinität und Fremdheit? Um diese Frage beantworten zu können, muss man die Triebhaftigkeit der Hyle heranziehen. Laut Husserl ist das Ur-Ich nicht nur Pol der Affektion und Aktion, sondern auch Pol der noch indeterminierten Instinkte.[12] Entsprechend ist die Urhyle ihrem Wesen nach auch kein formloses, reines Material, sondern mit dem Trieb zusammen gegeben. Bei der Annahme der Urgegebenheit der Hyle handelt es sich also nicht um ein interesseloses Erkenntnisobjekt, sondern um die Grundlage in der genetischen Entwicklung des menschlichen Lebens. Dazu sagt Husserl:

> Wir werden also für den erstkindlichen Anfang genötigt, schon ein Triebsystem vorauszusetzen, dem zuzurechnen ist all die intentionale Ur-Passivität, die von jedweder Entwicklung vorausgesetzt ist und in ihr immerfort am Werk ist. Das Ur-Ich mit seinem Triebsystem in Urgestalt und Urgehalt wirkt sich in Passivität und dann Aktivität aus: Im Triebsystem liegt schon die Anlage für die gesamte Weltkonstitution als Entelechie.[13]

4.3 *Die Hyle in Bezug auf die Instinkte in den* C-Manuskripten

Die folgenden Ausführungen widmen sich verschiedenen Aspekten der Hyle, die in den *C-Manuskripten* als triebhaft charakterisiert wird. In diesen Texten ist der Titel ‚Hyle' noch wenig differenziert. Im Allgemeinen differenziert Husserl das Hyletische der lebendigen Gegenwart in zwei Schichten. Die eine ist „die Urhyle im älteren Sinn der Ideen", die andere „die Hyle im erweiterten Sinn des impressional oder wahrnehmungsmäßig weltlich Erscheinenden überhaupt".[14] Letztere nennt Husserl auch „den hyletischen Kern" im aktuellen Strömen und setzt dabei den ‚Kern' mit dem „primär-geradehin Zugänglichen", „der impressionalen Gegenwart" gleich.[15] Nicht gänzlich klar ist jedoch, was Husserl mit dem ‚älteren Sinn der Ideen' meint. Vermutlich ist dies die Urhyle, die in ihrem Jetzt noch jedweder Auffassung entbehrt. Der zweite Typ von Hyle im Sinne

---

11 Bei Husserl lautet die Frage: „Es [das Ichliche] zeitigt sich in der urassoziativen Zeitigung, wie schon gesagt, in eins mit und ungetrennt von dem untersten Hyletischen. Wie ist in dieser konkreten Zeitigung der Ich-Pol beteiligt?" (Hua Materialien VIII, 53).

12 Hua Materialien VIII, 49.

13 Hua XLII, 102.

14 Hua Materialien VIII, 70.

15 Ebd., 71.

vom ‚weltlichen Erscheinenden' stünde dann dagegen für einen Quasi-Gegenstand, der schon ‚intendiert', aber noch nicht als ein bestimmter Gegenstand aufgefasst ist. Diese Auslegung bestätigt sich an einer Stelle, wo Husserl eine besondere Art der Auffassung kennzeichnet und die Hyle in zwei Stufen gliedert. Diese Auffassungsart ist laut Husserl „ein neuer und näher zu erforschender Modus der zugleich gegenwärtigenden und vergegenwärtigenden Funktion".[16] Die Empfindungshyle (Urhyle) erscheint dem Ich durch diese Auffassung als naturale Hyle, die als erste Stufe der Natur bzw. „der primordiale Kern", aber noch nicht als „die objektive Natur" verstanden wird.[17] Diese Auffassung, die sich aus Urzeitigung und Urkinästhese wie automatisch vollzieht, unterscheidet sich deutlich von der höherstufigen, erkennenden Auffassung.

Diese zeitlich-leibliche Auffassung und ihr Korrelat, die ‚naturale Hyle', fordern natürlich weitere Erklärungen. Es scheint, diese ‚Zwischen-Hyle' (Natur) entspringt ihrem Wesen nach auf einer bestimmten Stufe des Bewusstseins.[18] Diese ‚Zwischen-Hyle' untersucht Husserl anderswo unter dem Titel Instinkt- oder Triebintentionalität. In diesem Fall geht es besonders um nicht-objektivierende Instinkte,[19] die die grundlegende Verkettung zwischen Erlebendem und Erlebtem verbürgen. Meiner Meinung nach entspricht diese Urauffassung dem ursprünglich instinktiven Streben, „das in Kinästhesen sich ausströmt, [und] allgemein-unbestimmt auf solche Erfüllung unmittelbar gerichtet ist".[20] Husserl illustriert dieses Phänomen wie folgt: Er unterscheidet den allgemeinen Hunger, der nach irgendeinem Nahrungsmittel begehrt, von dem, der nach einem Apfel oder einer besonderen Speise verlangt. Der allgemeine Trieb, z.B. Hunger, bildet die Grundlage. Er geht dem Reiz solcher hyletischen Einheiten voraus, die ein motiviertes Zuwenden nach dem Quasi-Gegenstand als etwas Essbarem fundieren.[21] Diese Hyle in Bezug auf bestimmte Instinkte, die in der anfänglichen Stufe der Konstitution der Umwelt des Subjekts lokalisiert ist, fundiert gleichzeitig die zwei niedrigen Affektionsarten, ‚Angezogensein' und ‚Abgestoßensein'. Auffällig ist jedoch, wie Husserl die Funktion der triebhaften Empfindungshyle, nämlich ‚Anziehen' und ‚Abstoßen', stets in Anführungszei-

16 Hua Materialien VIII, 111.

17 Ebd., 111.

18 Zahavi fordert, die Urhyle nicht auf naturalistische Weise zu interpretieren. Mit der zweiten Hyle, die Husserl hier thematisiert, wird klar: Die Hyle ist synonym zum phänomenologischen Begriff der Natur. Aber sie impliziert keinen Naturalismus, sondern ist als bloße Natur von der Vergeistigung abstrahiert. Vgl. Zahavi, *The Fracture in Self-Awareness*, 38, Fußnote 39.

19 Bei Husserl unterscheidet man zwei Arten der Instinkte, nämlich objektivierende und nicht-objektivierende Instinkte. Vgl. Lee, *Edmund Husserls Phänomenologie der Instinkte*, 128–131; auch Mensch, *Instinct - A Husserlian Account*, 223.

20 Husserl schreibt: „Das ursprüngliche instinktive Streben, das in Kinästhesen sich ausströmt, ist allgemein-unbestimmt auf solche Erfüllung unmittelbar gerichtet" (Hua Materialien VIII, 272).

21 Vgl. Hua XLII, 94–95.

chen gesetzt hat. Damit möchte er die vorgelagerte Funktion der triebhaften Hyle vom späteren Affizieren abgrenzen, das bereits vom Modus des ‚Bewusstsein von' getragen ist. Man denke an die Affektion sinnlicher Objekte auf die Blickwendung im schon konstituierten Wahrnehmungsfeld.[22] Husserl betont: „Der instinktive Trieb ist also die Vorform der Vor-habe, so wie die Trieberfüllung die Vorform des eigentlichen Aktes. Darin würde liegen: Die Hyle ist von vornherein nicht in dem Sinne affizierende, als ob der antwortende Akt auf sie hin unmittelbar gerichtet wäre als Ende, als in sich ‚gut' und sofort instinktiv ‚apperzipiert'."[23]

Rudolf Bernet wies bereits darauf hin, wie Husserls Beitrag zum Thema Trieb darin liegt, den Trieb als eine Art des Wollens und des Tuns zu sehen.[24] Die Grundidee hat Husserl zeitlebens in seiner Behandlung des Triebs festgehalten. Der Trieb enthüllt sich demgemäß wesentlich im dynamischen Prozess, nämlich dem Prozess der ‚Intentions- Erfüllung'. Dabei spielt die triebhafte Hyle als intermediäre Ebene eine unentbehrliche Rolle. Die triebhafte Hyle im Prozess fungiert als instinktive Erfüllung, und affiziert auch die höherstufigen ‚Intentionen'.[25]

Ein weiterer Punkt sollte hier in den Blick gerückt werden, der bislang nur gestreift wurde: die sogenannte ungeschiedene Totalität der Hyle, die ich als die Grenze zur triebhaften Hyle ansehe. Husserl formuliert dies so:

> Ursprünglich ist das wache Ich gerichtet auf die Totale, ungeschiedene Hyle in Form der „reinen" Kinästhese, die nichts anders ist als Ichrichtung, einheitliches Tätigsein [...] Dieses ungeschiedene Gerichtetsein auf die ungeschiedene Hyle ist ein kontinuierlicher Wandel, in dem sich die sich mitwandelnde Hyle als Einheit erhält. Nun geht aber alsbald Unterscheidung vonstatten auf dem beständigen „Boden" der verharrenden Einheit.[26]

Doch in welcher Hinsicht kann man diese Totalität der Hyle in Bezug auf einheitliches Tätigsein in der Reflexion verstehen, wenn ihre Differenzierung

---

22 Husserl verdeutlicht das Problem in einer Randbemerkung: „Es ist fundamental, den weltlichen Erfahrungsbegriff und Bewusstseinsbegriff (Bewusstsein-von, meinen) zu verstehen als den eines konstitutiven Resultats: Richtung auf Objekte. Somit ist Urimpression und seine Abwandlung keine Erfahrung. Ebenso ist Urfühlen, Uraffektion und das Urwollen in diesem Sinn kein Bewusstsein von, keine Intention-auf im natürlichen Sinne" (Hua Materialien VIII, 335).

23 Hua Materialien VIII, 326.

24 Vgl. Bernet, *Zur Phänomenologie von Trieb und Lust bei Husserl*, 39.

25 Husserl sagt: „Die instinktive Intention und instinktive Lust der Erfüllung betrifft nicht einen Endzustand, sondern den ganzen Prozess, kontinuierlich die Momentanintention sich erfüllen zu lassen, und wieder als Träger neuer Intentionen zu neuen Erfüllungen übergehen zu lassen; also die Einheit des Prozesses der Intentions-Erfüllung, das ist selbst Telos, das ist, dass sich die instinktive Intention, die einheitlich von vornherein auf dieses Ineinander der Intentionalität und ihrer Entspannung geht, und sich als einheitliche nicht in einer Phase, sondern im ständigen Tun erfüllt, erfüllt" (Hua Materialien VIII, 328).

26 Hua Materialien VIII, 226.

scheinbar unbedingt und sogleich vor dem wachen Ich entfaltet wird? Mit dieser ‚reinen Kinästhese' und ihrer Hyle weist Husserl meines Erachtens auf eine Schwelle zwischen dem einheitlichen Instinkt und den differenzierten Instinkten. Hier kann man allerdings nicht stehen bleiben. Es stellt sich auch die Frage: Wie kann man die einheitliche Hyle sowohl als resultierend aus ‚reiner Kinästhese' als auch als den beständigen Boden im Rahmen der Urzeitigung der lebendigen Gegenwart verstehen? Würde dies nicht voraussetzen, die Urhyle müsse vor allem immer im Urzeitigen, mit verschiedenen Intensitäten, als das triebhaft Konstituierte gegeben sein? Wie kann diese Hyle noch eine Dimension der einheitlichen Totalität in sich tragen? Diese Fragen führen uns zu einer anderen Stelle, an der Husserl das urtümliche Strömen hervorhebt und vom ‚Bewusstseinsstrom' unterscheidet. Husserl zufolge ist das urtümliche Strömen selbst sogar eine „Vor-Zeit", die als „Vor-Sein" „unsagbar" bzw. „unerfahrbar" ist.[27] Doch darf diese Totalität der Hyle noch Hyle genannt werden, wenn sie vor allem differenzierenden Empfinden erlebt wird? Ziemlich sicher liegt diese ‚Grundlage' jenseits der Grenzen streng phänomenologischer Analyse. Will man hier noch weitergehen, muss man andere heuristische Ressourcen heranziehen.

4.4 Eine Betrachtung aus Max Schelers Perspektive

In diesem Zusammenhang finde ich bemerkenswert, dass man bei Scheler eine sehr ähnliche Erklärung der instinktiven Empfindung findet. Scheler betont, es gebe auf der instinktiven Stufe „eine untrennbare Einheit von Vor-Wissen und Handlung".[28] Mit dem ‚Vor-Wissen', ähnlich der ‚Vor-habe' bei Husserl, bezeichnet Scheler dasjenige ‚Wissen', das instinktiv gegeben ist. Ihm steht gegenüber das Wissen in Bezug auf Vorstellungen, Bilder oder Gedanken. Das ‚Vor-Wissen' bestimmt Scheler als „ein Fühlen wertbetonter und nach Werteindrücken differenzierter, anziehender und abstoßender Widerstände".[29] Genauso wie Husserl ist bei Scheler „jede Empfindung immer eine Funktion des Reizes und der triebhaften Aufmerksamkeit"[30]. Das Erscheinen der Empfindung zeigt sich ähnlich verschlungen: Einerseits ist die Empfindung der auf das (tierische) Subjekt wirkende Reiz, der aus der fremden Umwelt herrührt. Andererseits ist Empfindung die notwendig niedrigste ‚Blickwendung' des (tierisch-psychischen) Subjekts, das sich gleichzeitig als das gibt, was dem Reiz Aufmerksamkeit gewährt. Für Scheler gilt: „[W]as ein Tier vorstellen und empfinden kann, ist durch den Bezug seiner angeborenen Instinkte zur Umweltstruktur a priori beherrscht und bestimmt."[31] Hier scheint mir eine Übereinstimmung zwischen Husserls

---

[27] Ebd., 269.
[28] Scheler, Max: *Die Stellung des Menschen im Kosmos*, 21.
[29] Ebd., 22.
[30] Ebd., 23.
[31] Ebd., 19.

Analyse und der Position Schelers hinsichtlich der triebhaften Empfindung gegeben. Husserls Analyse der Empfindung aus den bestimmten Triebintentionalitäten könnte tatsächlich diese gleichsam tierische Eigenschaft im menschlichen Dasein beleuchten. Auf den Boden der phänomenologischen Methode müsste sich die tierische Eigenschaft notwendig in Bezug auf das Ich ergeben. Mit Schelers Begrifflichkeiten im Hinterkopf zeigt sich in Husserls Analysen, wie die menschliche Vergegenständlichung die instinktive Empfindung in sich trägt.

Wenn der Vergleich zwischen Husserl und Scheler berechtigt ist, könnte man nicht zuletzt auch die Totalität der Hyle in Schelers System des Lebewesens lokalisieren. Scheler nennt den ‚Gefühlsdrang' als wesentliches Merkmal der Pflanze. Im Vergleich zum Tier versteht er den ‚Gefühlsdrang' als den noch ungeschiedenen Zustand von ‚Gefühl' und ‚Trieb', wo „eine spezifische Richtung und Zielhaftigkeit nach etwas, z.B., Nahrung, Sexualbefriedigung" noch nicht stattgefunden hat.[32] Ohne diese Spezifizierung entbehrt das pflanzliche Dasein auch der Empfindung, bzw. der Lebenswachheit, die Tier und Mensch zukommt.[33] Vorschnell sollte man diese Pflanzenhaftigkeit nicht mit der Totalität der Hyle Husserls gleichsetzen. Und doch erinnert diese Ungeschiedenheit der Innenzustände innerhalb des Gefühlsdrangs des pflanzlichen Lebens an Husserls ‚reine' Kinästhese bzw. ungeschiedene ‚Urhyle'. Stimmte dies, läge es nahe, die einheitliche Totalität der Urhyle bzw. der ‚reinen' Urkinästhese auch schon den Pflanzen zuzurechnen und nicht nur, wie Husserl es tat, der animalischen Subjektivität. Eventuell berührt Husserl an dieser dunklen Stelle bereits etwas wie die ‚Repräsentation des Gefühlsdrangs', als der der vernünftige Mensch nur über sie sprechen kann, weil er ihm weder anschaulich noch reflexiv gegenständlich werden kann. Scheler betont entsprechend, es sei „der Gefühlsdrang, nicht nur in allen Tieren, sondern auch im Menschen noch vorhanden"[34] und es stelle „der Drang gleichzeitig die Einheit aller reich gegliederten Triebe und Affekte des Menschen dar".[35] So wird die Schwierigkeit, wie man ein phänomenologisches ‚Unding' wie die ‚Totalität der einheitlichen Hyle' verstehen soll, mithilfe der anthropologischen Perspektive zumindest erleichtert. Um dies aber auch genuin phänomenologisch nachzuvollziehen, mangelt es nicht zuletzt an phänomenologischen Studien zum Typus Pflanze als Zwischenreich zwischen bloßem Ding und Animalie.[36]

---

[32] Ebd., 13.
[33] Ebd., 15.
[34] Ebd., 16.
[35] Ebd., 16.
[36] Vermittels der transzendentalen Reduktion ergibt sich die Pflanze auch als Monade, die zum Zusammenhang aller Monaden gehört. Husserl sagt: „Und von da aus allein [war] die Möglichkeit der transzendentalen Reduktion [gegeben], durch die die Monaden zunächst als Menschenmonaden entdeckt werden, dann in Form des generativen Zusammenhanges alle Monaden der Monadenstufen, die höheren und niederen Tiere, die Pflan-

4.5 *Phänomenologie des Lebens?*

An einer Stelle aus dem Manuskript mit dem Titel „Zur Lehre von den Instinkten" aus dem Jahr 1933 macht Husserl den Lebenstrieb eigens zum Thema:

> Der Lebenstrieb in seinen modalen Verwandlungen einheitlich in seiner einheitlichen Trieb-Zeitlichkeit in einem ständigen Werden, Sich-Verwandeln – in Verwandlung der Sondertriebe, die also einzeln, im Miteinander, in einer ständigen Genesis stehen, in einer „intentionalen" Genesis, obschon wir hier zuunterst in einer Vorintentionalität stehen, die in aller expliziten Intentionalität ihre Rolle spielt.[37]

Deutlich hebt hier Husserl den Lebenstrieb gegenüber den Sondertrieben hervor. Husserl sagt hier, der Lebenstrieb verwandle sich einerseits in die Sondertriebe und liege ihnen so andererseits zugrunde. Er verbürgt also die Einheit der Sondertriebe. Zu beachten ist dabei: Der Lebenstrieb ist nach Husserl weder der Inbegriff noch eine abstrakte Repräsentation der Sondertriebe, sondern verwandelt sich in die Sondertriebe. Der Lebenstrieb vollzieht sich, sich differenzierend, in den Sondertrieben. Deswegen kann der Lebenstrieb als ganzer nicht in einem konkreten Begehren gegeben werden. Gleichwohl wirkt er in jeder intentionalen Beziehung mit. Bedauerlicherweise untersuchte Husserl den Lebenstrieb nicht weiter. Gleichwohl etabliert dieses Zitat ein Verhältnis zwischen Sondertrieben und dem Lebenstrieb, das belegt, wie Husserl auch in seinen genuin phänomenologischen Überlegungen den oben entwickelten Ansatz erwog und vertrat. Im Einklang mit Henry ist hier der Lebenstrieb nicht als intentionaler Gegenstand erfassbar, ist aber abweichend von Henrys Konzeption ein welthafter.

Im Ganzen wird klar: Die Totalität der Hyle ist zusammenzudenken mit dem Lebenstrieb. Sie ist zunächst eine Limesidee der phänomenologischen Reflexion Husserls, die auf eine entsprechende Idee des Lebenstriebs verweist. Sowohl diese ‚Totalität der Hyle' als auch der ‚Lebenstrieb' verweisen auf das Lebensphänomen als Ganzes, das als erstes, noch ganz undifferenziertes Charakteristikum des Lebendigen anzunehmen ist. Wie oben bereits gesehen, fügt sich hier abermals Schelers Begriff des ‚Gefühlsdrangs' nahtlos ein, in dem „‚Gefühl' und ‚Trieb' (der als solcher stets eine spezifische Richtung und Zielhaftigkeit ‚nach' etwas, z.B. Nahrung, Sexualbefriedigung, hat) noch nicht geschieden sind."[38] Obwohl sich der Gefühlsdrang bei Pflanzen nicht die Form spezifischer Intentionen annimmt, ist er nicht Orientierungslosigkeit. Er ist vielmehr ‚ein bloßes hin zu[m]' Leben. Scheler hat ihn als Sondermerkmal der Pflanzen bestimmt, weil ein solch Ungeschiedenes ‚hin zu' besonders hervorstechend bei den Pflan-

---

zen und deren Unterstufen, und für all ihre ontogenetischen Entwicklungen. Jede Monade [ist] wesensmässig in solcher Entwicklung, alle Monaden wesensmässig in generativen Entwicklungen." (Hua XV, 596).

[37] Hua XLII, 126–127.

[38] Scheler, *die Stellung des Menschen im Kosmos*, 13.

zen auftritt. Nach Scheler gewährt das Leben als ‚Drang' dem Subjekt die Kraft, „in Tätigkeit zu setzen und zu verwirklichen".[39] Bei Husserl hingegen spielt der Lebensbegriff für die Sinnstiftung der Subjektivität eine viel vagere und vermutlich deutlich geringere Rolle. Obwohl der späte Husserl ‚das transzendentale Leben' häufig in den Mittelpunkt rückt, gelangt er dabei nicht dazu, das Leben innerhalb der transzendentalen Subjektivität als Vitalzentrum und Urquelle des menschlichen Erlebens anzusetzen.[40] Bei Husserl fungieren die lebensbezogenen Ausdrücke vielmehr als eine besondere Charakterisierung der transzendentalen Subjektivität, weil das Leben in der Tat als der Gegenstand der Transzendentalphilosophie Husserls aufgefasst wird.[41] Eine unmittelbare Beziehung Husserls und Schelers in Sachen Lebensbegriff gibt es also nicht. Gleichwohl verweisen die Lebensauffassungen der beiden deutlich aufeinander.

4.6 Tier und Mensch

Diesbezüglich verdient die Differenz der Konzeption des menschlichen und tierischen Lebens bei beiden einige Aufmerksamkeit. Husserl spricht interessanterweise von Tieren auch als „transzendentalen Tiersubjekte[n]".[42] Denn Mensch und Tier sind laut Husserl „vorkommend in der menschlichen Umwelt und doch verstanden je als Subjekte der ihnen je geltenden Umwelt".[43] Husserl interessiert sich für den Prozess der universalen Weltkonstitution. Tiere gehören dabei zu einer Konstitutionsstufe der Umwelt des Menschen. Deshalb gibt es bei Husserl eine gewisse Kontinuität zwischen Mensch und Tier innerhalb des transzendentalen Subjektivitätsbegriffs. Daher schreibt Husserl dem Tier auch „so etwas wie Ichstruktur" zu.[44] Er erläutert: „Tiere, animalische Wesen, sind wie wir Subjekte eines Bewusstseinslebens, in dem ihnen in gewisser Weise auch „Umwelt" als die ihre in Seinsgewissheit gegeben ist."[45]

Husserl ist sich der problematischen Analogisierung dabei durchaus bewusst und spricht vom Tiersubjekt als einer besonderen allgemeinen Konstitutionsart, die man aufgrund einer „verähnlichende[n] Apperzeption" einsehen lernt als „eine Grundweise intentionaler Modifikation".[46] Tiere als animalische Subjekte haben somit auch ein Bewusstseinsleben. Jedoch ist das tierische Leben, anders als das menschliche Bewusstseinsleben, ‚zentriert'. Der Umbruch zwi-

[39] Ebd., 62.
[40] Vgl. Landgrebe, *Faktivität und Individuation*, 71; 75–76.
[41] Vgl. Staiti, *Geistigkeit, Leben und geschichtliche Welt in der Transzendentalphänomenologie Husserls*, 153.
[42] Hua XXIX, 87.
[43] Hua XV, 180.
[44] Ebd., 177.
[45] Ebd., 177.
[46] Hua XV, 177.

schen Mensch und Tier lässt sich in der transzendentalen Perspektive nicht aufheben. Zu dem grundlegenden Unterschied zwischen Mensch und Tier schreibt Husserl:

> Hier die Fundamentalprobleme. Tierische Gemeinschaft, tierisches geselliges Leben – in rein geistiger Beziehung betrachtet, lebend in ihrer „Umwelt", jede Spezies in ihrer spezifischen Umwelt. Jedes Einzeltier hat seine „geistige" Entwicklung vom embryonalen Anfang bis zur Reife, und in dieser baut es sich die für es bewusstseinsmässige, für es „daseiende" Umwelt auf. *Aber es reift nicht zur Person, und die Umwelt ist nicht menschliche Umwelt, bzw. eine menschliche ist nicht nur eine besondere tierische, nur differenzierter, so wie derartige Unterschiede zwischen niederen und höheren Tieren überhaupt bestehen.* Nur soviel kann man sagen, dass in der menschlichen Umwelt und im Menschen als ihrem Subjekt eine abstrakt unterscheidbare Schichte ist, die als das Tierische darin, bzw. als das Gemeinsame mit dem Tier vielleicht abgehoben werden kann (was erst näherer Untersuchung bedarf).[47]

Für Husserl ist ein Mensch Mensch durch sein personales Ich, das als „die eigenartige Ichstruktur" gilt und beim Tier fehlt; diese Personalität bedeutet bei Husserl „die Person unter Personen", anders gesagt, „wir insgesamt".[48] Aber Personalität bedeutet nicht bloße Vergemeinschaftung, wie sie auch in Tierkollektiven vorkommt (etwa eine Affengruppe, ein Wolfsrudel), sondern eine gestiftete Humanisierung, die sich wesentlich von der tierischen ‚Triebgemeinschaft' unterscheidet. Diese Humanität ist bei Husserl multi-dimensional charakterisiert. Vor allem betont Husserl das Personsein des Menschen als Subjekt einer Kulturwelt. „Das Tier [hingegen] lebt nicht (sich wissend) in einer Kulturwelt."[49] Die nähere Bestimmung des Menschen als Kulturwesen liegt in seiner Geschichtlichkeit, also in der „Subjektivität als Träger der geschichtlichen Welt"[50]. Husserl hebt besonders hervor: Diese Geschichtlichkeit des Menschen ist nicht etwa die Historie des Menschen, sondern ein zweckmäßiges Umweltsystem des Menschen. Den Unterschied zum Tier fasst Husserl wie folgt:

> Jede tierische Generation in ihrer vergemeinschafteten Gegenwart repetiert ihre spezifische Umwelt mit der dieser Spezies eigenen Typik. Eine menschliche Kulturwelt ist in fortwährender Entwicklung, die Kultur jeder menschlichen Gegenwart ist Boden für das neue Kulturschaffen der neuen Generation dieser Menschheit, wir können auch sagen, Prämisse.[51]

Während das Tier also seine Umwelt, die maßgeblich durch seine Spezies bestimmt ist, immer wieder instinktgemäß wiederholt, befindet sich die Menschheit mit ihrer Umwelt in einem sinnstiftenden Entwicklungsprozess. Die menschliche Umwelt ist damit in einer offenen Entwicklung, eventuell bis zur Idee der unendlichen Menschheit. Husserl folgert:

---

47 Ebd., 180. (Meine Hervorhebung).
48 Ebd., 178.
49 Ebd., 180.
50 Ebd.
51 Hua XV, 180.

Das Tier hat nicht das Vermögen, durch das es ein Bewusstsein, ein Wissen von einer seienden Welt haben könnte, einer Welt verharrender Dinge, verharrend in der Zeit, in Veränderungen, Kausalität der Veränderungen unter Umständen etc., so einzeln und zugleich einheitlich durch die universale Zeiträumlichkeit, Identifizierbarkeit nach Zeit und Ortsstellen, nach Vergangenheit und antizipiert-vergegenwärtigter Zukunft. Kennenlernen, Möglichkeiten entwerfen, wollen, erzeugen, wirken etc., Werke, Zweckgebilde, Mitteilungsgebilde, als die immer wieder dasselbe mitteilbar machen, all das ist ausgeschlossen. Tiere haben keinen „Satz“ im engeren und im weitesten Sinne. Tiere verständigen sich, verstehen Lautäusserungen – und haben doch keine Sprache.[52]

Diese Grenzziehung erinnert sofort an die Differenzierung von Mensch und Tier bei Scheler. Vergleicht man die beiden eingehender, bemerkt man eine innere Konvergenz. Die Resultate Husserls finden sich allesamt bei Scheler. So sagt Scheler: „Der Mensch ist das X, das sich in unbegrenztem Maße ‚weltoffen‘ verhalten kann.“[53] Dies entspricht der dynamischen, in sich entwicklungsoffenen Kulturwelt bei Husserl. Und auch bei Husserl ist die Zweckmäßigkeit der menschlichen Kultur klar von der instinktmäßigen Naturumwelt der Tiere abgegrenzt. Scheler vertritt beim Tier ferner einen Mangel der idealisierten „Gegenstände“, der „‚Leerformen‘ von Raum und Zeit“ und des Selbstbewusstseins.[54] Ähnlich gelangt Husserl in seinen Erwägungen dazu, dem Tier das Vermögen der Wiedererinnerung, das für die Konstitution identifizierbarer (dauernder) Gegenstände maßgeblich ist, abzusprechen.[55] Auch kämen Zeit und Raum, konstituiert in ihrer Unendlichkeit, nur beim Menschen als „oberste[r] Tierspezies“ [56] vor. Schließlich habe „kein bewusstseinsmässiges Dasein in einer offenen Unendlichkeit von Generationen und korrelativ kein Dasein in einer eigentlichen Umwelt, die wir Menschen ihm, es vermenschlichend, zuschreiben.“[57]

Dies mag als ein Vergleich der Positionen Husserls und Schelers genügen. Wie beim Thema Mensch und Tier die anthropologische Betrachtung Schelers und Husserls Erwägungen im Bereich der transzendentalen Subjektivität harmonieren, wird deutlich. Auch Husserl behauptete innerhalb der menschlichen Subjektivität unterschiedliche Stufungen, wo er von einer Sublimierung „vom niederen Triebleben hinauf zum Willensleben und schließlich zum Leben in der Humanität“ spricht.[58] Husserl ordnet Mensch, Tier und Pflanze jeweils eigene Typen zu. Er fragt sich gar: „Ist die ursprüngliche Zeitigung in der Periode der Urkindlichkeit des Menschen eben von dieser Art, dieser tierischen? Wie baut sich die Weltzeitigung in der Stromzeitigung zunächst als Zeitigung der

52 Ebd., 184.
53 Scheler, *Die Stellung des Menschen in Kosmos*, 33.
54 Ebd., 33–37.
55 Vgl. Hua XV, 184.
56 Hua XV, 179.
57 Ebd., 181.
58 Ebd., 599.

hyletischen Gehalte auf? Ist das beim Urkind schon eine wirkliche Zeitigung von Seienden?"[59] Auch wenn er diese Frage dort nicht selbst beantwortet, konzipierte er den Instinkt doch als gleichsam ‚transtypisches' Phänomen, indem er ihn sowohl im Tier wie im Menschen ansetzte. Die ‚tierische Stufe' entspricht im Menschen einer basalen Stufe der menschlichen Zeitigung in ihrer Entwicklung zur vollkommenen Welt-Zeitigung. Es findet sich also durchaus eine auch für die Anthropologie relevante strukturelle Differenzierung beim späten Husserl.

Zusammengefasst haben Husserl und Scheler trotz unterschiedlicher theoretisch-methodischer Ansätze dieselbe ‚Sache' und Schwierigkeit im Auge. Der angestellte Vergleich soll aber keinesfalls eine Vermischung sein. Denn die hyletischen Gehalte auf Ebene der Instinkte sind ein Grenzphänomen für die phänomenologische Reflexion. Noch viel mehr ist ein solches die Totalität der Hyle. So gesteht sich Husserl: „Instinkt ist zunächst ein Titel für äußerlich zu charakterisierende Tatsachen, der aber von innen her betrachtet seine Unverständlichkeiten hat. Wo ist die Grenze?"[60] Als Erwachsener kann man die Bewusstseinsstrukturen der eigenen Urkindheit oder die des Tieres nicht erfahren, wie sie sind. Damit ist eine Grenze möglicher Selbstauslegung der genetischen Schichten in der Subjektivität gegeben. Der Ursprung der absoluten Subjektivität kann sich daher nicht via transzendental-egologischer Reflexion ergeben. Auf eine ähnliche Grenze stößt die Einfühlung in die Konstitution anderer Typen wie Pflanzen und Tiere. Deshalb ziehe ich hier ergänzend Schelers Stufenschema zurate, um dem Erfassen des geheimnisvollen Anfangs der transzendentalen Subjektivität näherzukommen.

Der Vergleich legt nahe, die Totalität der Hyle als den undifferenzierten Ursprung der Subjektivität mit Schelers Begriff des Gefühlsdrangs zusammenzudenken. Weil auch Husserl in der transzendentalen Subjektivität eine animalisch-instinktmäßige Schicht vertritt, sind wir nun motiviert zu fragen: Ist nicht der Gefühlsdrang, der an Husserls Begriff des ‚Lebenstriebs' erinnert, auch in der Subjektivität am Werk? Husserl sah Menschen, Tiere und Pflanzen als Monaden.[61] Eine Monade ist kein Naturding, sondern ein Lebewesen. Aber warum ist die Pflanze eine Monade und kein Naturding? Um diese Frage zu beantworten, muss man aus der Umgrenzung der Bewusstseinsphilosophie heraustreten, denn erst-personale Reflexionen scheitern hier. Husserl kam damit durchaus weit. Aber er gelangte nicht zu einem Lebensbegriff, der nicht nur in den spezi-

---

59 Ebd., 184.

60 Ebd., 183.

61 Lee bemerkt dazu: „Die transzendentale Geschichte stellt danach die Manifestation des sich durch das transzendentale Monadenall hindurchziehenden universalen transzendentalen Instinktes dar. Die transzendentale Geschichte als die Manifestation des universalen transzendentalen Instinktes umfaßt dabei nicht nur die Geschichte der menschlichen Monaden, sondern darüber hinaus die der Tiere und der Pflanzen" (Lee, Nam-In: *Edmund Husserls Phänomenologie der Instinkte*, 227).

fischen Instinkten der Animalien, sondern auch in Pflanzen als Gefühlsdrang besteht. Ein solcher Lebensbegriff überschreitet die Grenzen der bewusstseinsmäßigen Subjektivität. Man darf daher die absolute Subjektivität und den Lebensbegriff nicht etwa in eins setzen, wie Henry es tat.[62]

[62] Ströker betont, das Leitthema Husserls sei das Bewusstsein, nicht das Leben. Vgl. Ströker, *Systematische Beziehung der Husserlschen Philosophie zu Dilthey*, 79. Staiti warnt ebenfalls davor, das Wort ‚Leben' bzw. den ‚lebendigen Charakter der Subjektivität' so zu lesen, als ob Husserl damit Anleihen bei der Lebensphilosophie machen würde. Vgl. Staiti, *Geistigkeit, Leben und geschichtliche Welt in der Transzendentalphänomenologie Husserls*, 153–156.

5. Die Hyle und die Realität des Lebens

Kapitel 4 bot eine komparative Studie zwischen dem späten Husserl und Scheler hinsichtlich der ‚Hyle'. Hiesiges Kapitel widmet sich dagegen eingehenderen Überlegungen zum ‚Realitätsproblem'. Über das Realitätsproblem entbrannte eine intensive Diskussion zwischen Dilthey und Scheler. Gelingt es, dieses Problem für die Phänomenologie fruchtbar zu machen, wird damit eine unentbehrliche Dimension der Urhyle bzw. Urimpression freigelegt. Diesem Problem nachzugehen ist daher keine Ablenkung vom Thema der Hyletik, sondern verspricht im Gegenteil wesentliche Fortschritte im Verständnis der vor- und unzeitlichen hyletischen Urimpression. Anschließend kann dann auch die absolute Subjektivität in ihrem Verhältnis zur nicht-intentional gegebenen Außenwelt näher charakterisiert werden.

Dieses Kapitel rekonstruiert zunächst einen historischen Dialog, der ausgehend von Dilthey zwischen Husserl und Scheler geführt wurde. Ziel bleibt dabei aber, die bislang verborgene Dimension in Husserls Begriffen ‚Urimpression' und ‚Urhyle' zu enthüllen. Dabei entwirft Scheler eine Konzeption des Lebens, die auf den ersten Blick an Henrys nicht-welthafte Affektivität des Lebens erinnert. Wie gesehen schließt sich Henry zufolge die absolute Subjektivität in der Affektivität des Lebens hermetisch von jeder intentionalen Weltoffenheit ab. Erst unter Berufung auf die christliche Weltoffenbarung konnte Henry hiernach das Subjekt als radikal passiv Welthabendes behaupten. Schelers Position stimmt mit der Henrys dahingehend überein, Denken und Bewusstsein aus einem tiefer gehenden Leben als vorantreibender Kraft zu verstehen. Scheler argumentiert jedoch entgegen Henry auch für einen nicht-intentionalen Weltbezug des Subjekts als dessen ‚Realsein'. Auch bei Scheler ist dabei die Affektivität des Lebens nicht intentional erfassbar, aber es handelt sich um keine a-kosmische Subjektivität. Scheler zufolge gibt sich das Leben notwendigerweise im Widerstand der Welt, worin sich das Realsein des Daseins als ontologische Grundlage offenbart.

5.1 Das Realitätsproblem bei Dilthey und Scheler

5.1.1 Diltheys Erwägungen zur Realität

Das Realitätsproblem zeigt sich zunächst als das Fundamentalproblem der neuzeitlichen Erkenntnistheorie. Schon bei Kant wurde es als skandalös bezeichnet, wie die Philosophie scheinbar gegen den Zweifel an der Realität der Außenwelt keinen Beweis vorlegen konnte. Im Alltagsleben, abseits theoretisch-philosophischer Reflexionen, hat man den festen Glauben an die Realität der Dinge bzw. der Außenwelt. Betritt man aber den Bereich der Philosophie, entsteht sogleich das Bedürfnis nach einer Erklärung dieses Glaubens. Zum Realitätsproblem gehört entsprechend ein vielfältiger Fragegehalt. Denn ‚real' als Prädikat kann sich auf sehr verschiedene Objekte beziehen. So mag man etwa innerhalb der idealen Gestalten fragen, ob und inwiefern Zahlen Realität zukommt. Aber auch angesichts von Trauminhalten mit ihrer graduellen Lebhaftigkeit kann man die Frage nach ihrer Wirklichkeit stellen.[1]

Dilthey ging im Jahr 1890 in seiner Abhandlung *Beiträge zur Lösung der Frage vom Ursprung unseres Glaubens an die Realität der Außenwelt und seinem Recht* auf diese Problematik ausführlich ein. Rückblickend betrachtet, arbeitet Dilthey dort vor allem die gemeinsame Position in den gängigen Argumentationen heraus. Diese lautet, es seien „die Realität oder Wirklichkeit nur begriffsmäßige Formeln für Verstandesfunktionen".[2] Dilthey ordnet Helmholtz diese Sichtweise zu. Unter den großen Philosophen der modernen Zeit zeigt sich Helmholtz im Lauf der Abhandlung zunehmend als der bedeutsamste Gesprächspartner Diltheys. Dilthey zufolge führt Helmholtz den Glauben an die Realität auf den gedanklichen Zusammenhang der Empfindungen zurück. Dieser ‚Denkzusammenhang' zeigt sich bei Helmholtz jedoch stark naturwissenschaftsgläubig. Das Denken, das diesen Zusammenhang der Empfindungen bzw. den Glauben an die Realität leistet, besteht für Helmholtz in unbewussten Schlüssen nach dem Kausalgesetz. Dilthey hält dagegen, es könne das Kausalgesetz als „a priori gegebenes transzendentales Gesetz" von den intellektualistischen Voraussetzungen nicht abgetrennt werden.[3] Dilthey sieht im Willensimpuls, den Helmholtz später gelegentlich erwähnt, den Weg zur Lösung des Problems. Auf diesen Willensimpuls bezieht sich Dilthey anschließend.[4]

Dilthey beobachtet dabei, wie die Empfindung lange Zeit als etwas vom Willen Unabhängiges galt: „Seit Descartes haben ja die meisten Erklärer das Merkmal der Empfindungen, daß der Wille sie weder zu verdrängen, noch hervorzubringen, oder festzuhalten vermag, als Grund der Überzeugung über ihre Unabhängigkeit von diesem Willen anerkannt und benutzt."[5] Dilthey setzt sich hingegen zum Ziel, die Unabhängigkeit der Empfindung zu widerlegen und stattdessen auf einen Willensbezug der Empfindung aufmerksam zu machen. So schreibt er: „Ich erkläre den Glauben an die Außenwelt nicht aus einem Denkzusammenhang, sondern aus einem in Trieb, Wille und Gefühl gegebenen Zusammenhang des Lebens, der dann durch Prozesse, die den Denkvorgängen äquivalent sind, vermittelt ist." [6]

---

1 Dilthey schreibt: „So besteht schon innerhalb des Traumes eine Gradation der Lebhaftigkeit des Wirklichkeitsbewusstseins "(Dilthey, Wilhelm: *Beiträge zur Lösung der Frage vom Ursprung unseres Glaubens an die Realität der Außenwelt und seinem Recht*, 117).

2 Vgl. ebd., 92–94.

3 Ebd., 94.

4 Vgl. ebd., 94–95.

5 Ebd., 95.

6 Ebd.

Der Ausgangspunkt von Diltheys Erkenntnistheorie ist hier offensichtlich durch seine sogenannte ‚Lebensphilosophie' beeinflusst. Denn es fällt auf, wie Dilthey gegenüber dem intellektualistischen Zugang zum Realitätsproblem den Realitätsbezug in der Ebene des Empfindens sucht.[7] Dilthey hebt dabei das Erleben gegenüber der rein intellektuellen Funktion des Denkens hervor. Er bemüht sich sogar, Denken bzw. Logik vielmehr aus dem ‚im Erlebnis sich erschließenden Leben' aus zu begründen. Entsprechend fordert er, den Erkenntniswert der Empfindung auch hinsichtlich des Realitätsproblems zu untersuchen. Im Rahmen der näheren Erklärung des ‚Erlebens' sondert Dilthey den Lebensgehalt in Bezug auf das Triebsystem in drei Kategorien: „Trieb", „Gefühl", und „Volition".[8] Für ihn ist also das Realitätsproblem kein Problem des bloßen Denkens, sondern eines des Lebens selbst.[9]

Wie aber entquellt der Glaube an die Realität im Erleben? Um einer Antwort näherzukommen, muss zunächst zwischen Innenleben und Äußerem unterschieden werden. Denn der Glaube an die Realität der Außenwelt setzt den Unterschied zwischen dem Innensein und dem Außensein voraus. Nach Dilthey stammt diese Differenz aus der Widerstandserfahrung. Zwei Willenszustände sind maßgeblich für eine Widerstandserfahrung: erstens das Bewusstsein des Willensimpulses selbst und zweitens das Bewusstsein der Hemmung dieses Willensimpulses. Der Realitätsbezug, der den Glauben an die Realität der Außenwelt verbürgt, weist also auf „die lebendige Erfahrung des Willens"[10] zurück. Dilthey hebt dabei besonders eine Asymmetrie und Mittelbarkeit zwischen den beiden Willenszuständen hervor. Zuerst nämlich ergibt sich der Willensimpulse spontan von innen her, was Dilthey auch als ‚Intention' bezeichnet. Dieser Willensimpuls geht auf „das Bündel von Trieben" zurück, das für Dilthey in dieser Hinsicht der intendierende „Mensch" ist.[11] So wird das erkennende Subjekt zuerst von seinem Willensimpuls getrieben. Dann tritt die Hemmung der Intention des Willensimpulses mit einem untrennbaren Gefühl auf. Deswegen besteht ein Abhängigkeitsgefälle zwischen beiden Willenszuständen, ohne dass Dilthey dies durch ein bloß zeitliches Nacheinander erklärt. Die Realität der Außenwelt sieht Dilthey just durch diese Asymmetrie vermittels der Hemmung der Intention verbürgt.

Ein wichtiger Punkt bei Dilthey muss noch akzentuiert werden: Der Willensimpuls bzw. die Hemmung der Intention erscheinen durch das Druckempfindungsaggregat:

---

7 Vgl. Gander, *Positivismus als Metaphysik*, 175–177.

8 Dilthey, *Beiträge zur Lösung der Frage vom Ursprung unseres Glaubens an die Realität der Außenwelt und seinem Recht*, 96.

9 Lessing, Ulrich: *Wilhelm Dilthey*, 65.

10 Dilthey, *Beiträge zur Lösung der Frage vom Ursprung unseres Glaubens an die Realität der Außenwelt und seinem Recht*, 105.

11 Vgl. Ebd., 98; 102.

> Dies Zwischenglied zwischen dem Bewußtsein des Impulses und dem der Hemmung der Intention, das in dem Aggregat der Druckempfindungen liegt, ist jedesmal da. Wir kommen also zum Bewußtsein der Außenwelt nur durch Vermittlungen. Man kann sich die Begründung des Glaubens an die Außenwelt nicht durch irgendeine Art von Übertreibung erleichtern, etwa durch die Annahme einer unmittelbaren Willenserfahrung des Widerstandes oder überhaupt durch die psychologische Fiktion von unmittelbarem Gegebensein irgendeiner Art.[12]

Im zitierten Text lehnt Dilthey sehr deutlich jede unmittelbare Gegebenheit der Willenserfahrung ab. ‚Unmittelbar' wäre dabei eine Gegebenheit der Realität ohne vermittelnde Druckempfindung. Weder auf dem Wege philosophischer noch auch psychologischer Annahmen hält Dilthey eine solche Unmittelbarkeit für gerechtfertigt. Er zieht auch keine unmittelbare Willenserfahrung des Widerstands im Unbewussten in Erwägung. Dilthey ist vielmehr ausschließlich darum bemüht, mittels der Druckempfindung das Verhältnis zwischen Widerstandserfahrung und subjektivem Bewusstseinszustand zu erklären. Und so ist die Widerstandserfahrung bei Dilthey schlechthin eine Erfahrung, die innerhalb des bewusst Erfahrbaren gedacht wird. Damit im Einklang wird die Realitätserfahrung auf das Empfindungsaggregat als den Schnittpunkt zwischen Willensimpuls und Widerstandserfahrung, als Hemmung, zurückgeführt. Auf diese Weise leitet Dilthey den unmittelbaren Glauben an die Realität der Außenwelt von der mittelbaren Widerstandserfahrung ab.[13]

5.1.2 Schelers Anknüpfung an Dilthey

Die soeben entworfene Skizze von Diltheys Position zum Realitätsproblem kann als ein Gerüst für die Besprechung von Schelers Rezeption dienen. Erwähnt wurden dabei fast alle wichtigen Anhaltspunkte für die Diskussion des Realitätsproblems bei Scheler und Husserl. Auch bietet es sich an, Diltheys Lösungsvorschlag des Realitätsproblems im Hinterkopf zu behalten, wenn im Folgenden die entsprechenden Diskrepanzen zwischen Husserl und Scheler, besonders Schelers Kritik an Husserl, herausgearbeitet werden.

Scheler entwickelt seine Position zur Realitätsproblematik in seinen späten Schriften, wenngleich er sie nicht streng systematisch entwirft. Scheler nimmt dabei eine Mittelposition zwischen Dilthey und Husserl ein. Aus Schelers Warte findet sich Dilthey in „einer großen Geschichte", für die charakteristisch ist, dass „die Realität als Gegebenheit im Widerstandserlebnis sich kund tue".[14] Durch Dilthey wurde dieser Gedanke wieder in der seinerzeitigen Diskussion aufgegriffen und vermehrt abgehandelt. Wenngleich Scheler dies durchaus anerkennt, zeigt sich doch alsbald auch eine Abweichungstendenz. Hans Reiner

---

12 Ebd., 103.
13 Vgl. ebd., 104–105.
14 Scheler, *Idealismus – Realismus*, 210.

Sepp bringt die Kernfrage wie folgt zum Ausdruck: „Wird das im Widerstandserlebnis erfahrene reale Ding, also Realität selbst, originär mittels des Bewusstseins erfasst, oder liegt hier ein eigener Erlebniszugang vor?"[15] Diltheys Position besteht wie gesehen darin, dass „er zwar die primäre Rolle des triebhaften Verhaltens bei der Ausbildung des Realitätsbezugs hervorhebt, dieses aber zugleich auf Bewusstsein (Triebbewusstsein) bezieht."[16] Genau diese Verortung im Bewusstsein in Diltheys Auffassung der ‚Realitätserfahrung' kritisiert Scheler in der Abhandlung *Idealismus-Realismus*. Die ausgiebige Beschäftigung mit Dilthey zeigt sich zwar darin, wie viel Scheler von dessen Zugang zur Realitätsproblematik geprägt ist, aber anders als Dilthey lehnt Scheler eine unmittelbare Widerstandserfahrung nicht ab.

Zunächst kritisiert Scheler Diltheys ‚cartesianische' Annahme von ‚selbstständigen Empfindungen', die sich dem Triebimpuls entziehen.[17] Anschließend thematisiert Scheler ebenfalls das Verhältnis zwischen Impuls und Widerstand, in dem auch er die Realitätserfahrung verortet. Er bestimmt dieses Verhältnis allerdings anders. Schelers These lautet: „Eben diese „unmittelbare" Widerstandserfahrung, die Dilthey ausdrücklich leugnet, besteht."[18] Scheler zufolge liegt in der unmittelbaren Widerstandserfahrung gerade die Lösung des Realitätsproblems.

Scheler hebt dazu eine Stelle hervor, wo Dilthey die Druckempfindung, die an den Fingerspitzen lokalisiert ist, nur eine tote Empfindung nennt. Wenn die Druckempfindung nur eine tote, sinnliche Empfindung wäre, die allein an der Oberfläche der Haut erscheint, dann wäre Scheler zufolge die Bestimmung der Widerstandserfahrung inkonsequent zur Charakterisierung der Druckempfindung. Denn verstünde man die Druckempfindung als eine an ein Sinnesorgan anknüpfende Sinnesempfindung, wäre es nach Scheler unmöglich, mit dieser Druckempfindung die Widerstandserfahrung, also das Widerstandserlebnis der gehemmten Intention, aus dem Triebsystem heraus zu erfassen. Die Sinnesempfindung erklärt Scheler vielmehr zu einem Begleitphänomen, aufbauend auf die Widerstandserfahrung. Deshalb fordert er, die Sinnesempfindung von der Widerstandserfahrung ‚aufs Schärfste' zu trennen.

Scheler muss dafür natürlich erklären, warum die Widerstandserfahrung ihrem Wesen nach nicht selbst als eine Sinnesempfindung konzipiert werden darf. Um diese Widerstandserfahrung von der Druckempfindung zu unterscheiden, greift Scheler auf Ergebnisse der damals aktuellen Erforschung von Schwere- und Zugerlebnissen zurück. In einer Fallstudie zeigte sich, dass die Intensität des Anstrengungserlebnisses nicht mit der Intensität der Spannungsempfindung der Muskeln verlässlich korreliert. Es unterscheiden sich also „die An-

15 Sepp, *Über die Grenze. Prolegomena zu einer Philosophie des Transkulturellen*, 204.
16 Ebd., 205.
17 Vgl. Frings, *Max Scheler. Drang und Geist*, 26.
18 Scheler, *Idealismus – Realismus*, 212.

strengung und der Krafteinsatz der Empfindenden".[19] Dies führt Scheler als Beleg von „einem grundsätzlichen Irrtum" Diltheys an.[20] Scheler wirft Dilthey vor, dass „der erlebte Widerstand überhaupt keine periphere sinnliche Erfahrung ist, sondern eine echte zentrale Erfahrung unseres Drängens und Strebens selbst."[21] Scheler setzt somit die zentrale Widerstandserfahrung als eine besondere Dimension des Erlebnisses an. Wegen der Zentralität, die keineswegs mit dem peripheren Sinnesorgan verknüpft sein kann, muss die Widerstandserfahrung etwas anderes sein als die bloße Sinnesempfindung, einerlei ob die Sinnesempfindung Spannungsempfindung oder Druckempfindung ist. In diesem Zusammenhang ist daher der Krafteinsatz nicht von der Druckempfindung im Voraus bedingt. Der empfindende Mensch, als Kraftquelle der Anstrengung, fundiert umgekehrt alle Empfindungen, die sich infolge der Anstrengung an den entsprechenden Sinnesorganen zeigen.

Abseits dieser physiologisch-psychologischen Diskussion über die Empfindung im damaligen Kontext soll hier nun Schelers Kritik an Diltheys Druckempfindung rein begriffslogisch nachvollzogen werden. Zunächst nochmals zu Dilthey: Laut ihm ist der Bewegungsimpuls von der Volition (dem Willensakt) initiiert. Der Bewegungsimpuls kann sich selbst natürlich keiner Widerstandsempfindung entgegenstellen. Die Widerstandsempfindung fordert zudem auch notwendig die Hemmung des Willensimpulses. Und diese Hemmung verstand Dilthey als eine bewusst erfahrene Hemmung. Sodann muss das Druckempfindungs-Aggregat als ‚Antezedens' der Bewusstseinshemmung mitgegeben sein, damit der Willenszustand in seiner Zweiseitigkeit bewusst gegeben sein kann. Dilthey differenziert innerhalb der Sinnesempfindung als ganzer auch Empfindungsarten, die unterschiedlichen Sinnesorganen zugeordnet sind. Dazu zählen z. B. haptische Empfindungen an der Haut, Empfindungen subkutaner Vorgänge, Kontraktionsempfindungen an Muskeln, solche der Bewegungswahrnehmung im Gelenkinneren u. dgl. In diesem Kontext benutzt Dilthey häufig den Begriff der ‚Widerstandsempfindung' als Oberbegriff dieser verschiedenen Empfindungsarten. Zu diesem Verständnis der Widerstandsempfindung passt, wie sie sich laut Dilthey auf der Ebene des gesamten Triebsystems ereignet. So kommt das Druckhafte der Widerstandsempfindung nach Dilthey unterschiedslos in jeglicher Empfindung vor.[22] Sogar im Gelenkinneren betrifft die Empfindung nicht nur die Bewegungsempfindung, sondern auch die Wider-

---

[19] Ebd.
[20] Ebd.
[21] Vgl. Ebd., 210–212.
[22] Dilthey, *Beiträge zur Lösung der Frage vom Ursprung unseres Glaubens an die Realität der Außenwelt und seinem Recht*, 103–104.

standsempfindung. Somit ergibt sich das Druckhafte der Empfindung in der philosophischen Betrachtung in allen Empfindungsarten.[23]

Scheler will, entgegen Dilthey, ein ‚unmittelbares Widerstandserlebnis' ans Licht bringen, das seiner Meinung nach bei Dilthey noch verborgen ist. Dieses unmittelbare Widerstandserlebnis bezieht sich auf die unmittelbar eingesetzte Kraft, wie im Fall des Schwere- und Zugerlebnisses gezeigt. Dieser Krafteinsatz wird nirgendwo in dem Empfindungsaggregat nachgewiesen. Auch können der Krafteinsatz bzw. der Widerstand dieser Kraft nicht in der peripheren Sinnesempfindung enthalten sein. Schelers Kernthese lautet also: Die Widerstandserfahrung bei Dilthey ist kein echtes Widerstandserlebnis, weil die Widerstandserfahrung als bewusstes Erlebnis verstanden wird und nicht primärer, ekstatischer Widerstand. Scheler geht von einem solchen ekstatischen Widerstand als Grundlage der Widerstandserfahrung aus:

> Bei Dilthey sieht man daher nicht, wie denn die Widerstandserfahrung aus dem Sein des Bewusstseinsimmanenten herausführen soll. In Wirklichkeit aber ist das Verhältnis von Widerstandserfahrung und Sein des Bewusstseinsimmanenten ein umgekehrtes. Nicht ein Triebbewußtsein führt zum erlebten Widerstande, oder ein Hemmungsbewußtsein des gehemmten Triebimpulses, sondern der primäre ekstatisch erlebte Widerstand ist es, der den actus der Re-flexio erst herbeiführt, durch den der Triebimpuls erst bewußtseinsfähig wird.[24]

Entscheidend ist: Scheler schränkt seine Forschungen nicht auf den Bezirk des Bewusstseins ein. Um den zentralen Krafteinsatz bzw. dessen Widerstand zu finden, muss man sich frei machen von der Erwartung, die Frage nach der Realität im Bewusstsein klären zu können. Bei Dilthey hingegen fungiert das Bewusstsein nicht nur als der Ausgangspunkt, sondern auch als die Grenze seines Nachdenkens in der Realitätsabhandlung. Dilthey hat anderswo geschrieben: „Das Bewusstsein kann nicht hinter sich selber kommen. Der Zusammenhang, in welchem das Denken selber wirksam ist und von dem es ausgeht und abhängt, ist für uns die unaufhebbare Voraussetzung."[25] Diltheys Forschungsziel ist eindeutig, die Realität der Außenwelt im Bewusstsein zu sichern. Für Scheler hingegen kann das Realitätsproblem im Bewusstsein zu keiner Lösung kommen. Denn laut ihm ist die Realität lange vor den bewusstseinsimmanenten Erfahrungen am Werk.

---

[23] Das Druckhafte deutet auf einen wesentlichen Charakter der Phänomene an, den man mit Husserls Begriff ‚Urimpression' kaum erfassen kann.

[24] Scheler, *Idealismus – Realismus*, 214.

[25] Dilthey, *Idee über eine beschreibende und zergliedernde Psychologie*, 194. Dieses Zitat wird auch bei Staiti zitiert. Vgl. Staiti, *Geistigkeit, Leben und geschichtliche Welt in der Transzendentalphänomenologie Husserls*, 55.

Das Anstrengende, Krafteinsetzende, das Scheler zufolge vom triebhaften Lebenszentrum ausgeht, ist nicht einfach abwesend bei Dilthey, sondern wird als Willensphänomen verstanden. Der Widerstand, der dem Subjekt die Existenz der Außenwelt verbürgt, bezieht sich bei Dilthey in der Realitätsabhandlung auf das bewusste Wollen, das mit Trieb und Gefühl im Trio der Lebensstruktur verbunden ist. An diesem Punkt führt Scheler seine Kritik fort. Er nennt es einen weiteren Irrtum, „daß Dilthey den Widerstand eine Willenserfahrung nennt und dabei offenbar nicht so sehr an das spontane unwillkürliche Leben unserer Triebimpulse, als an den bewußten zentralen Willen denkt."[26] Nach Scheler entspringt das Realitätsmoment hingegen aus dem Widerstand „gegen unser stets regsames, spontanes, aber dabei gänzlich unwillkürliches Triebleben", nicht aber aus dem „Widerstand gegen unser bewußtes Wollen".[27]

Es bedarf weiterer Erwägungen, um diesen Streitpunkt richtig darzulegen. Das Wollen bezieht sich bei Dilthey auf den willkürlichen Bewegungsimpuls. Das Bewusstsein von der Realität der Außenwelt stammt aus der Hemmung dieses willkürlichen Bewegungsimpulses. Die unwillkürliche Bewegung aber, die bei Dilthey an den Trieb gebunden ist, taucht nur im ferneren Horizont von Diltheys Betrachtungen auf. Im Zentrum von Diltheys Analysen steht dagegen die Realitätserfahrung des erkennenden Subjekts, das aus dem und mit Bewusstsein willkürliche Bewegungen vollziehen kann. In einer Fußnote erwähnt er jedoch, in den Anfangsphasen des Lebens seien die Bewegungen unwillkürlich.[28] Ein Embryo etwa vollziehe unwillkürliche Bewegung. Auch bei Neugeborenen lässt sich eine unwillkürliche Saugbewegung zur Durst- und Hungerstillung beobachten. Diesen unwillkürlichen Bewegungen liegt ebenso wie den willkürlichen eine Intention auf eine bestimmte Befriedigung zugrunde. Man könnte in den frühen Lebensphasen also von besonderen Trieben gegenüber dem späteren bewussten Willen sprechen. In der Realitätsabhandlung geht aber Dilthey auf eine solche Differenzierung zwischen Triebimpuls und Willensimpuls nicht ein. Genau in dieser ungeklärten Beziehung von Trieb und Wollen sieht nun Scheler die innere Schwierigkeit bei Dilthey. Wille und Trieb, zwischen denen Dilthey durchaus als unterschiedliche Elemente differenziert, fallen beim Säugling zusammen.

Scheler hat daher das Verhältnis zwischen Wille und Trieb in seiner Position umgestaltet. Den ‚Willensimpuls' als Intention zur Bewegung im Sinne Diltheys hält er für verfehlt. Wenn der angebliche Willensimpuls für das reife, bewusste Subjekt die Bewegungsintention ausmacht, ist er vielmehr „bereits zur Einheit

26 Scheler, *Idealismus – Realismus*, 214.
27 Ebd., 214.
28 Dilthey, *Beiträge zur Lösung der Frage vom Ursprung unseres Glaubens an die Realität der Außenwelt und seinem Recht*, 104.

verschmolzen mit einem Triebimpuls".[29] Das geistige Wollen ereignet sich nach Scheler durch die Hemmung oder Enthemmung des Triebes. Wollen soll entsprechend als eine Geisttätigkeit aufgefasst werden, die von der Negation des vorhandenen Triebimpulses erzeugt wird. Als eine höherstufige Geisttätigkeit ist somit das Wollen nicht eine permanente Tätigkeit, sondern „ein Seltenheitsakt".[30] Unser Realitätserlebnis ist hingegen ein stetiges Erlebnis. Ein Widerstand gegenüber jenem Wollen als Geisttätigkeit ist nach Scheler unverständlich. Deshalb ist der Widerstand als der Anker des Realitätserlebnisses dem Triebimpuls zu verdanken. Folglich versteht die grundlegende Realitätsgewissheit sich nicht aus der Ebene des Wollens der Person, sondern aus dem tieferen, unwillkürlichen Triebleben.

Dies sind Punkte, die Scheler an der grundsätzlichen Fragerichtung Diltheys zur Problematik der Realität bemängelt. Scheler resümiert daher seine Besprechung von Diltheys Realitätsabhandlung wie folgt: „Endlich hat Dilthey die Frage nach dem Realitätserlebnis in eine viel zu einseitige Verbindung gebracht mit dem sogenannten Problem von der ‚Realität der Außenwelt'. Das Realitätsproblem tritt eben in allen möglichen Sphären auf, nicht nur in der Außenweltsphäre."[31] Er kritisiert also, Dilthey habe zu einseitig nach der Realität der Außenwelt gefragt. Dies habe Dilthey daran gehindert, den eigentlichen Kernsinn des Realitätsproblems zur Geltung zu bringen. Die Außenwelt ist Scheler zufolge keine Summe des Realen. Denn zum einen haben nicht alle Gegenstände in der Außenwelt Realität. In der Außenwelt tritt viel Irreales auf, beispielsweise „Schatten, Spiegelbilder, virtuelle Bilder, der Regenbogen".[32] Zum anderen stellt sich eindringlich die Frage nach der Realität der psychischen Innenwelt. Das Gewesen-Sein und das psychische Sein etwa müssen auch als fundierende Realitätsmomente aufgefasst werden.[33] Es greift also zu kurz, das Realitätsproblem nur für die Außenwelt anzugehen. Scheler fragt daher nach dem ‚Realsein' nicht nur der ‚Außenwelt', sondern auch der psychischen Gegenstände. Das Realsein bildet damit eine grundsätzliche Dimension aller Erfahrungsbereiche.

Scheler legt insgesamt mehr Wert auf das ‚Realsein', während Dilthey eher nach dem ‚Realität-Haben' des Subjekts fragt. Der Unterschied kann mithilfe des Begriffs ‚Sphäre' verdeutlicht werden. Schelers meint, die Untersuchung der Realität durch Dilthey sei auf die bewusst gegebene Außenwelt gerichtet. Diese ist jedoch nur eine Sphäre von vielen Sphären. Die Realität überhaupt sieht Scheler dabei als ein und dieselbe für alle Sphärengehalte. Scheler will gerade diese Realität überhaupt, also das Realsein, erhellen, indem er auch das vorbe-

---

29 Scheler, *Idealismus – Realismus*, 215.
30 Ebd.
31 Ebd.
32 Vgl. Scheler, Max: *Erkenntnis und Arbeit*, 371.
33 Scheler, *Idealismus – Realismus*, 215.

wusste und unmittelbare Realitätserlebnis erforscht. Daher überrascht es nicht, wenn Scheler mit Diltheys Abhandlung des Realitätshabens via Widerstandserfahrung unzufrieden ist. Was genau Scheler mit ‚Realsein' meint, wird in vorliegender Arbeit später, bei der Besprechung des ‚Lebensdrangs', noch klarer werden.

Der bisher freigelegte Diskussionsumfang zum Realitätsproblem ist durch die Textwahl bislang noch zu beschränkt, um zur Kritik Schelers an Dilthey eindeutig Stellung zu beziehen. Es wird daher hier nur ein Zwischenfazit gezogen. Zwei Hauptpunkte der Realitätsdebatte zwischen Dilthey und Scheler stechen hinsichtlich der Problematik der Hyle-Impression besonders ins Auge. *Erstens*, beide legen die Realitätsquelle in den Lebensprozess, indem sie den Realitätsglauben anhand des Begriffspaars ‚Impuls' und ‚Widerstand' erklären.[34] Beide versuchen zudem, in der Diskussion als Ansicht zu etablieren, es könne sich weder die Realität der Außenwelt noch das Realitätsmoment aus einer bloß intellektuell vorstellenden Setzungstätigkeit herleiten. Stattdessen bemühen sie als Erklärungsgrund den Lebensprozess und sein notwendiges Widerstandserlebnis. *Zweitens* besteht der Streitpunkt zwischen beiden darin, ob dieses Widerstandserlebnis einem unmittelbaren Erlebnis aus dem zentralen Triebleben oder einem durch den Empfindungsvorgang vermittelten Willensleben entstammt. Angesichts der Position Husserls zum Realitätsproblem verdienen beide Ansätze Aufmerksamkeit und einiges Nachdenken.

5.2 *Schelers Kritik an der Realitätsauffassung Husserls*

Geht man von hier aus zu Husserl zurück, so ist sofort auffallend, welch kaum merkliche Rolle das Widerstandserlebnis in seiner Behandlung des Realitätsproblems spielt. Obwohl Husserl hinsichtlich der triebhaften Begegnung des Subjekts mit der Welt einige Ansichten mit Scheler teilt, thematisiert er das Widerstandserlebnis kaum. Als die Urquelle unseres Glaubens an die Realität zieht er es schon gar nicht in Betracht. Weder die hyletischen Daten noch die Urimpression implizieren bei Husserl das Realitätsprädikat, obwohl die ‚Hyle' in Bezug auf einen bestimmten Instinkt gewissermaßen etwas ‚Reales' impliziert.[35] Verglichen mit dem Begriffspaar ‚Impuls-Widerstand' spielt bei Husserl das Paar ‚Intention-Erfüllung' zweifelsohne eine viel dominantere Rolle. Dafür wäre in Anbetracht des Unterschieds zwischen Husserl gegenüber Dilthey und Scheler eine Ursache denkbar, die später noch behandelt wird.

Hier kann derweil eine wesentliche Differenz zwischen Scheler und Dilthey zur Geltung gebracht werden. Denn Dilthey wie auch Husserl wollen die philosophischen Erwägungen über Realität *innerhalb des Bewusstseins* klären. Scheler

---

[34] Dahlstrom, *Scheler's Critique of Heidegger's Fundamental Ontology*, 72.
[35] Vgl. im Kapitel 4 den Abschnitt 4.3.

dagegen macht in seiner Konzeption des Realitätserlebnisses einen Faktor geltend, der sich jedem bewussten Zugang (auch der Reflexion) notwendig entzieht. Bei Husserl und Dilthey wurzelt also die Realität der Dinge bzw. der Außenwelt im Bewusstsein. Scheler hingegen diskutiert einen Realitätsbezug, der nicht nur auf dem Realitätsglauben gründet, sondern auch stetig im Vor-Bewussten wurzelt.

Es wurde bereits erwähnt, wie Schelers Realitätstheorie nicht nur kritisch an Dilthey anknüpft, sondern auch eine polemische Argumentation gegen Husserls Handhabe des Realitätsproblems bietet. In seiner Auseinandersetzung mit Husserl wird auch Schelers eigene Position noch verständlicher. Im Folgenden wird zuerst der Unterschied zwischen Husserl und Scheler bezüglich der Realitätskonzeption herausgearbeitet. Anschließend wird über den phänomenologischen Sinn der Hyle-Impression aus Sicht der Lebensphilosophie Schelers nachgedacht.

5.2.1 Das metaphysische Wissen bei Scheler

Bevor Schelers Kritik an Husserl besprochen wird, soll zunächst das ‚Realsein' im Sinne Schelers noch näher betrachtet werden. Das Realsein ist bei Scheler nicht nur Ausgangspunkt seiner Kritiken an Dilthey und Husserl, sondern spielt auch eine zentrale Rolle im Aufbau seiner Philosophie.[36] Scheler meint mit Realsein nicht nur den unmittelbaren Widerstand des zentralen Trieblebens. Darüber hinaus enthüllt er noch das metaphysische Prinzip des ‚Lebensdrangs' in diesem erlebten Widerstand. Scheler formuliert dies in *Erkenntnis und Arbeit*:

> Die Realität ist in ihrer subjektiven Gegebenheit eine Erfahrung des ungeistigen, triebhaften Prinzips in uns: eine Erfahrung des einheitlichen, wie immer sich spezialisierenden Lebensdranges in uns. Und Realität ist als etwas Objektives und unserem Erfahren Transzendentes notwendig Gesetztheit durch das ursprünglich geistblinde dynamische Prinzip des Dranges – des andern uns noch erkennbaren Prinzips des Urgrundes selbst.[37]

In Bezug auf die menschliche Wahrnehmungserfahrung als schon differenzierterem Drang, differenziert Scheler ebenso auch den Lebensdrang weiter in drei Hauptzentren: „Personen, Vitalzentren, Energiezentren".[38] Der Realitätsbezug des Menschen beruht also zunächst eindeutig auf dem ursprünglichen Drang.

---

[36] Sepp erläutert die Bedeutung vom Realsein als Grundlegung so: „Das Vor-sein der Gegebenheit von Realität nimmt eine zentrale Stelle in Schelers Gesamtposition ein. Auf die Problemstruktur beziehen sich implizit die von Scheler in seiner Abhandlung *Die Stellung des Menschen im Kosmos* aufgelisteten Punkte für das ‚erste Fundament meiner Erkenntnistheorie'" (Sepp, *Über die Grenze*, 206).

[37] Scheler, *Erkenntnis und Arbeit*, 360.

[38] Ebd., 360.

Dazu betont Scheler aber, dass „der Drang und «Durst» nach Realität dem Realsein vorhergeht – der Drang selbst zwar Existenz besitzt, aber seinerseits noch keine Realität."[39] Der Drang fungiert somit als die Existenzgrundlage des Realseins, obzwar er selbst noch nicht Realität heißen darf. Das Realsein ergibt sich erst im Widerstand des Lebensdrangs. Mit dieser Festlegung des Lebensdrangs als Bedingung der Realität setzt sich Scheler vom erkenntnistheoretischen Zugang zum Realitätsproblem ab. Statt hier Bewusstseinsforschung zu betreiben, betritt Scheler den Bereich einer ontologischen Konzeption der Realität. In *Die Stellung des Menschen im Kosmos* wird dabei der Lebensdrang als die Pflanzenhaftigkeit in allen Stufen des Lebewesens gekennzeichnet.

Aufgrund seiner metaphysischen Position benutzt Scheler entgegen der damaligen Erkenntnistheorie den Begriff ‚Wissen', um die Subjekt-Objekt Relation zu erläutern. Seine Wissenstheorie wendet sich also gegen die damalig herrschende Erkenntnistheorie, die das Bewusstsein als den Ausgangspunkt schlechthin festlegte. Mit ‚Wissen' versucht Scheler, zuerst ein Seinsverhältnis zweier Seiender[40] zu charakterisieren. Scheler definiert das Seinsverhältnis als das Teilhaben eines Seienden am Sosein eines anderen Seienden. Der Begriff ‚Wissen' dient Scheler somit zur Widerlegung des sogenannten ‚Bewusstseinsidealismus' bzw. kritischen Realismus.

Das Wissen erfüllt dabei eine Doppelfunktion. Am Bewusstseins-Ansatz kritisiert Scheler zunächst, er entgehe dem Repräsentationalismus nicht. Mit Repräsentationalismus meint er hier nicht die bildliche Repräsentation des Objektes in psychischer Immanenz, sondern die Repräsentation des Realitätsmoments selbst im Sinne des Realseins, das so zu etwas Bewusstem gemacht wird. Scheler hält dagegen, das Bewusst-Sein werde zunächst nur als das Sich-In-Bewusstseinsimmanenz-Darstellende erfahren. Deshalb könne das reale Bewusst-Sein niemals im Bewusstsein ergriffen werden.[41] Entsprechend kann man das Realsein des ‚Bewusst-Seins' niemals im und mit Bewusstsein erreichen. Anstelle dieses erkenntnistheoretischen Bewusstseins arbeitet Scheler daher mit dem Begriff des erkenntnistheoretischen Wissens.

Die zweite Funktion des Wissens ist noch wichtiger. Mit ihr zielt Scheler darauf ab, die Voraussetzungen des Bewusstseinsansatzes aufzudecken, die bei der Priorisierung des Bewusstseins unbemerkt bleiben. Scheler stellt das Wissen als eine umfassende Gattung des Verhältnisses zwischen zwei Seienden auf, in der das Bewusstsein eine besondere Abwandlung ist. Er sagt: „Es wird völlig klar, wenn wir der besonderen Art des Wissens und Gewußt-Seins, die wir Bewusst-

---

39 Ebd., 371.

40 Ebd., 188.

41 Scheler betont: „Alles Bewußt-sein ist zunächst unter den Oberbegriff des idealen Seins zu bringen, auch alle Fälle des irrealen Seins. Real mag das Psychische sein, das sich in Bewußtseinserlebnissen «darstellt», niemals aber das Bewußt-sein selbst." (Scheler, *Idealismus – Realismus*, 189).

sein nennen, eine andere und ihr vorhergehende Art des Wissens gegenüberstellen, die keinerlei Art des Bewußt-Seins einschließt."[42] Nach Scheler ist das Bewusstsein von der Art des Wissens abgeleitet, die als ‚ekstatisches Wissen' bezeichnet wird. Das ekstatische Wissen ist die Wissensform „bei den Primitiven, beim Kind, ferner in bestimmten pathologischen und sonstigen an- und übernormalen Zuständen", in denen „die gewußte Welt noch nicht gegenständlich gegeben ist."[43]

Anschließend an diese Klärung des Begriffs ‚Wissen' bei Scheler soll nun seine Kritik an Husserls Realitätskonzeption betrachtet werden. Neben Dilthey ist Husserl ein weiterer ‚Gesprächspartner' in der Abhandlung *Idealismus-Realismus*. Scheler nennt Husserl an mehreren Stellen direkt und setzt sich mit den wichtigsten Thesen Husserls auseinander. Seine Kritik soll nun besprochen werden. Dabei zeigt sich auch deutlich Schelers Bild von der Phänomenologie Husserls.

5.2.2 *Reduziert Husserl die Realität auf Transzendenz?*

Scheler ordnet Husserls Ansatz einer Gedankenlinie zu, in der das Realitätsproblem im Ausgang von der Erforschung der Transzendenz des Gegenstandes, genauer seines Transzendenzbewusstseins, gelöst werden soll. Scheler hält diese Gedankenlinie für sehr problematisch. Ihm zufolge kann der Ansatz, Realität auf die Transzendenz des Gegenstandes zu gründen, prinzipiell nicht gelingen. Denn dabei versteht man unter Transzendenz des Gegenstandes nichts anderes als eine irreduzible Korrelation. Irreduzibel deshalb, weil der Gegenstand trotz seines Bezugs auf den Intentionalakt selbst als das Aktfremde verbleibt und folglich nicht auf den intentionalen Akt reduziert werden kann. Für die Realität des Gegenstandes selbst ist daher diese Korrelation zwischen Bewusstseinsimmanenz und Transzendenz belanglos.

Nach Scheler sind fiktionale Gegenstände wie ein Einhorn, mathematisch-ideale Gegenstände wie die Zahl 3, ja gar widersinnige Gegenstände wie ein viereckiger Kreis in Sachen Transzendenz den wahrgenommenen Gegenständen ebenbürtig. Das Transzendenz-Immanenz Verhältnis kann also die Realität des Gegenstands laut Scheler nicht verbürgen: „Eben darum, weil dieser Grundsatz der Transzendenz des Gegenstandes von der Daseinsmodifikation der Gegenstände […] ganz und gar unabhängig ist, ist diese Tatsache des Transzendenzbewusstseins auch nicht im entferntesten geeignet, das Problem der Realität zu lösen".[44] ‚Transzendenz' wird damit für Scheler zu einem abstrakt-allgemeinen Oberbegriff, gegenüber dem wahrnehmliche Transzendenz ein Spezial-

42 Ebd.
43 Ebd.
44 Ebd., 191.

fall ist. Die Transzendenz des Gegenstandes und seine Realität sind also zweierlei. Scheler folgert: „Das Realitätsproblem selbst liegt also ganz und gar jenseits dieser Tatsache der Transzendenz des Gegenstandes".[45]

Aus dieser Warte übt er seine Kritik an Husserl. Für ihn vertritt Husserl einen ‚intentionalen Realismus', steht auf diesem für Scheler fraglichen Standpunkt aber nicht allein: „Dies wird gleichmäßig verkannt von W. Freytag, Edith Landmann, weitgehend auch von E. Husserl selbst, ferner von P. Linke."[46] Für den ‚intentionalen Realismus' sei charakteristisch, das Realitätsproblem nur in Bezug auf das Intentionsverhältnis im engeren Sinne abzuhandeln. Im Gegensatz zu dieser Tendenz vertritt Scheler wie gesehen, die Transzendenz sei ihrem Wesen nach für die Existenz der Objekte irrelevant. Er lehnt es strikt ab, das Realitätsproblem via Transzendenz lösen zu wollen.

a) Das Transzendenz-Immanenz Verhältnis bei Husserl

Ist diese Kritik an Husserl gerechtfertigt? – Besieht man Husserls Ergebnisse zu diesem Problem, so scheint diese Kritik sogleich problematisch. Zuerst ist hervorzuheben, dass Husserl ebenfalls die Gleichwertigkeit der Transzendenz für die Geltung der realen und irrealen Objekte deutlich sah. Husserl wäre daher mit dem ersten Schritt der Argumentation, den Scheler bereits gegen ihn geltend macht, vielmehr ganz einverstanden. Auch laut Husserl gilt, dass die Transzendenz des Gegenstands dessen Realität noch nicht impliziert. Denn Husserl setzt zeitlebens die Transzendenz als den allgemeinen Charakter aller Gegenstände in Bewusstseinsakten fest und erkennt also deren Gleichgültigkeit für das Realitätsproblem. Z.B. ein eingebildetes Objekt existiert in der Außenwelt nicht, allerdings ist es zweifelsohne dem Bewusstseinsakt des Einbildens transzendent. Husserl würde jedoch nicht Schelers Behauptung zustimmen, die Realität befinde sich außerhalb des Transzendenzverhältnisses, wenn die Rede von Realität noch sinnvoll sein soll. Denn laut Husserl ist die Annahme eines Realitätsprädikats ohne bewusstseinsmäßige Transzendenz ganz unbegründet.

Geht man zu den *Ideen I* zurück, zeigt sich die Realität der Naturdinge bzw. Außenwelt prinzipiell mit der Intentionalität verknüpft (‚Transzendenz in der Immanenz'). Es findet sich jedoch keine Forderung im Sinne des Vorwurfs Schelers, also eine Forderung, die Realität der Gegenstände **allein** im Verhältnis Transzendenz-Immanenz zu begründen. Vielmehr hat die Rede von Transzendenz je nach der Aktart bei Husserl andere Bestimmungen. Das transzendente Objekt, das im Kontext der Wahrnehmung erscheint, ist nicht bloß transzendent, sondern ein transzendent Seiendes. Dieser Seinscharakter beim Wahrnehmen, den der allgemeine Sinn von Transzendenz nicht vorschreibt, ist als cha-

---

45 Ebd.
46 Ebd.

rakteristische Mitbestimmung der Transzendenz im Verhältnis ‚Noesis-Noema' im Wahrnehmungsakt präsent. Und so bietet das ‚Immanenz-Transzendenz'-Verhältnis bei Husserl nur einen geeigneten Rahmen, innerhalb dessen man die Seinsmodalitäten und auch ihre Verwandlungen erforschen kann. Husserls Analyse der dinglichen Wahrnehmung bemüht sich also, immer wieder neue Faktoren innerhalb der Transzendenz zu identifizieren, die das Realitätserleben tragen.

Husserls Phänomenologie fordert als Erstes eine metaphysische Neutralisierung. Diese soll dazu beitragen, die scholastische Differenzierung zwischen ‚intentionalem Objekt' und ‚wirklichem Objekt' zu überwinden. [47] Denn Erkennen ist für Husserl nicht der Gang vom ‚intentionalen Objekt' zum ‚wirklichen Objekt'. Diese scholastische Scheidung impliziert Husserl zufolge ein erkenntnistheoretisches Vorurteil, das in der natürlichen Einstellung verbleibt.[48] Durch die Epoché (die Neutralisierung) ist laut Husserl der ‚noematische Sinn' des Gegenstandes über die scholastische Scheidung erhaben. Phänomenologisch wird jedes Objekt zunächst als ein noematischer Sinngehalt aufgefasst. Ist die scholastische Scheidung außer Spiel gesetzt, wird es laut Husserl erst möglich, den eigentlichen Zugang zum Realitätsproblem zu gewinnen.

Für den noematischen Sinngehalt ist ein Gegenstand transzendent. Er kann nach Husserl wirklich existieren oder auch nicht. Genau wie Scheler in seiner Argumentation hervorgehoben hat, besagt die Transzendenz des Gegenstandes also nicht notwendig die Realität des Gegenstandes. Aber anders als Scheler schließt Husserl daraus nicht, die Transzendenz des Gegenstandes sei für das Realitätsproblem irrelevant. Stattdessen betont Husserl die Identität des Bezugssinns von intentionalem und transzendentem Sein der äußeren Wahrnehmung. Er unterstreicht, „daß der intentionale Gegenstand der Vorstellung derselbe ist wie ihr wirklicher und gegebenenfalls ihr äußerer Gegenstand und daß es widersinnig ist, zwischen beiden zu unterscheiden."[49] Die Realität wird bei Husserl also innerhalb der Transzendenz untersucht. Die Frage nach der Realität sollte also nach Husserl dahingehend lauten, wie die Realität des Objektes in der schlichten Wahrnehmung als Bestandteil des intentionalen Gegenstandes gegeben ist. Zusammengefasst ordnet Scheler Husserl zutreffend zur Gruppe jener, die die Realität des Gegenstandes mit Bezug auf die Transzendenz des Gegenstandes zu erklären versuchen. Aber Schelers Argumentation geht zu wenig ein auf Husserls spezifische Begründung und kann daher nicht problemlos gelten.

---

[47] Zahavi schreibt hierzu: „the distinction to be made is not the one between the intentional object and the real object, but the one between the merely intentional object, and the real and intentional object." (Zahavi, *Metaphysical Neutrality in Logical Investigations*, 96).

[48] Vgl. Hua III/1, 206–207.

[49] Hua XIX/I, 439.

b) Ist die phänomenologische Reduktion Husserls hilfreich?

Kann somit Schelers Kritik an Husserls Ansatz der Erforschung der Transzendenz im Bewusstsein auf den ersten Blick nicht überzeugen, so steht hinter ihr doch noch ein tieferer Einwand, der Husserls Phänomenologie gefährlich werden kann. Scheler bemängelt nämlich zusätzlich, dass Husserl just das Realitätsmoment einklammert, um stattdessen Wesenserkenntnisse zu gewinnen. Dafür, so argumentiert Scheler, müsse man aber wissen, „was denn das Realitätsmoment selber ist, und worin dieses Moment gegeben ist".[50] Ohne dies könne man die phänomenologische Reduktion schließlich gar nicht vollziehen. Der Einwand wendet sich also dagegen, wie Husserls Methode der Reduktion das Realitätsmoment nicht bestimmt, sondern das Wissen, was es sei, vielmehr schon voraussetzt, um es im Weiteren dann ganz auszuschließen. Eine Angabe, was das Realitätsmoment sei, suche man bei Husserl vergebens. Auch kann dieses Realitätsmoment durch die Reduktion, die es gerade von sich ausschließt, nicht positiv gewonnen werden. Vielmehr verliere man jedes Verständnis der Realität gerade durch die phänomenologische Reduktion zunehmend aus den Augen. Im Zuge dieser Kritik an der Realitätstheorie Husserls projiziert Scheler jedoch seine eigene Erwartung an die phänomenologische Reduktion auf Husserl. Denn Scheler versteht unter der ‚Reduktion' vor allem eine Technik dafür, das Realsein zugänglich zu machen. Die phänomenologische Reduktion bei Scheler soll also direkt dazu verhelfen, die Lösung des Realitätsproblems zu liefern. Die Reduktion Husserls sei, als bloße Zurückhaltung der Seinsurteile, eine ‚kinderleichte' Operation, die sich aber auf das fungierende Realitätsmoment gar nicht auswirken könne.[51] Scheler verlangt von der Reduktion jedoch, ‚das Realitätsmoment durch Außerkraftsetzen der es gebenden (unwillkürlichen) Funktionen' zu beseitigen. Ihm zufolge leistet es nur eine Reduktion, in der das Realitätsmoment verschwindet, um „uns zum Wesen hinzuführen".[52]

Mehrere Forscher widersprechen dieser Sicht und betonten, Husserl verfolge mit der Reduktion klarerweise eine andere Absicht. Bei ihm sei sie lediglich die nötige Anfangsphase aller nur möglichen Lösungen des Realitätsproblems. Was man im Verfahren der Reduktion zurückzuhalten lerne, sei nur ein naives Wahrnehmungsurteil, das eine unbegründete epistemologische Annahme impliziere.[53] Mit der Ausschaltung der Seinssetzung meine Husserl nicht, die Seinssetzung zu vernichten, sondern sie in einer neuen philosophischen Einstellung in Betracht zu ziehen. Auch wird argumentiert, transzendentale Reduktion sei ein Einstellungswechsel dahingehend, die natürlichen Dinge und die verbundene Seinssetzung aus transzendentaler Warte betrachten zu können, so,

---

50 Scheler, *Idealismus – Realismus*, 207.
51 Ebd.
52 Ebd.
53 Vgl. Crowell, *Normativity and phenomenology in Husserl and Heidegger*, 73.

wie sie sich dort geben.[54] Deshalb sei schließlich die Reduktion bei Husserl nicht auf Aufdeckung gerichtet, sondern befähige Husserl zur Unterscheidung von natürlich-doxischer Wirklichkeit und jener der phänomenologischen Evidenz.[55]

Ausgehend von seinen eigenen Ansprüchen an die Reduktion schreibt Scheler: „[M]an sieht gar nicht, wie sich nur dadurch (Zurückhaltung des Daseinsurteils) eine neue Gegenstandswelt eröffnen soll, die in der natürlichen Weltanschauung noch nicht mitenthalten war."[56] Dieses Zitat belegt Schelers Erwartungshaltung, durch die Reduktion etwas Neues in die Erscheinung treten zu sehen. Dieses Neue soll sich dann als Grundteil des echten Wesens enthüllen – des Realseins. Ihm zufolge genügt Husserls Reduktion für diese Aufgabe keineswegs; er ist unzufrieden mit ihr. Die wertvolle Besonderheit der husserlschen phänomenologischen Reduktion liegt jedoch darin, weder weniger noch mehr durch die Epoché zu erfahren. Durch die Reduktion zeigen sich die Dinge lediglich in einem neuen Blickwinkel. Der Seinscharakter des Gegenstandes in der phänomenologischen Reflexion wird aber beibehalten. In einer Beilage zu den *Ideen I* schreibt Husserl dazu:

> Wenn ich ein Wahrnehmen vollziehe und dann seine Setzung nicht mitmache, mich aus der Setzung „zurückziehe", so blicke ich auf das Wahrgenommene, das Dies-da ist, mit seinem Seinscharakter: Aber dieser Inhalt mit seinem Seinscharakter ist bloß „Inhalt" derart, daß der Seinscharakter auch bloßer Inhalt ist.[57]

Schelers Problematisierung von Husserls Reduktion hat also zum Anlass auch seine eigene Konzeption von der ‚phänomenologischen' Reduktion. Eine erfolgreiche Reduktion muss nach Scheler den Kern der Sache zum Erscheinen bringen. Dieser Kern der Sache ist ihr Realsein, das sich als Dasein vom Sosein ganz und gar unterscheidet. Das Sosein ist dem Bewusstsein immanent, aber das Dasein bzw. Realsein des Objekts ist unabhängig vom Bewusstsein. Scheler geht es hierbei um „das vorgängige ekstatische Haben und Erleiden des das Realitätsmoment gebenden Widerstandserlebnisses".[58] Um dieses Dasein bzw. Realsein auszulegen, ist eine andere Reduktion als die Husserls auszuüben. Schelers Reduktion zielt dabei nicht darauf ab, den Bereich des transzendentalen Bewusstseins als die ‚Urregion' aller anderen Seinsregionen der Subjektivität zu eröffnen.[59] Stattdessen hat sie zum Ziel, das Realsein des fundierenden Widerstandserlebnisses zugänglich zu machen. Richtig ist: Das Widerstandserlebnis bleibt in Husserls Phänomenologie gewissermaßen außer Betracht, wobei

---

54 Vgl. Staiti, *Husserl's Transcendental phenomenology*, 190.
55 Vgl. Virginie, *Wirklichkeit*, 319.
56 Scheler, *Idealismus – Realismus*, 207.
57 Hua III/2, 565–566.
58 Scheler, *Idealismus – Realismus*, 208.
59 Vgl. Hua III/1, 159.

sich aber die Frage stellt, ob Husserl es nicht glattweg als etwas ‚Unphänomenologisches' zurückgewiesen hätte.

Schelers deutliche Polemik weist also Husserls Reduktion aufgrund enttäuschter Erwartungen zurück, die Husserl selbst gar nicht an sie hatte. Von Husserls Reduktion wird jenes Realsein, das Scheler erstrebt, weder abgelehnt noch thematisiert, wenn man Husserls Konzeption seiner Reduktion treu bleibt. Die Einklammerung rangiert lediglich den naiven Glauben an die Realität aus, also das unbegründete ‚Wirklichkeits-Prädikat'. Eine mögliche ontologische Grundlage im Sinne eines Realseins als Voraussetzung allen objektiven Soseins wird dadurch nicht vernichtet. Die Frage nach dem Realsein tangiert Husserls Reduktion schlichtweg nicht.

5.3 Husserls Stellungnahme zum Realitätsproblem

Man kann also nicht einfach das Realitätsproblem ohne vorbereitete Klärung an Husserls Phänomenologie herantragen, als ob es für Husserl, analog Dilthey und Scheler, eine Leitfrage seiner Forschungen gewesen wäre. Vielmehr muss man grundsätzlich die Frage aufwerfen, ob man überhaupt von einer Realitätstheorie Husserls sprechen darf. In der Tat hat Husserl das Realitätsproblem in Diltheys Sinn nicht einfach übernommen, sondern es erfährt bei ihm eine phänomenologische Umwandlung. Husserl argwöhnte sogar mit dem Prädikat ‚real' aufgrund von dessen philosophiehistorischer Vorbelastung.[60] Er forderte eine bewusste Rückgewinnung des Realitätsbegriffs angesichts zu vieler gänzlich naiver Setzungen in der natürlichen Einstellung und der naturwissenschaftlichen Praxis. Nur so erklärt er einen phänomenologischen Realitätsbegriff für möglich. Das Realitätsproblem verschwindet also bei Husserl nicht, aber taucht jedoch erstmals in der transzendentalen Dimension auf.

Für Husserl ist jede Existenzgewissheit eines realen Gegenstandes ohne erkennendes Bewusstsein unvorstellbar. Die Begründung der Realität verknüpft sich für ihn mit der Frage nach ihrem konstitutiven Moment in der noetisch-noematischen Bewusstseinsstruktur. Die ontologische Frage nach dem Realsein, die Scheler privilegiert, kann bei Husserl nur sekundär auftreten. Husserl geht grundsätzlich davon aus, Realität habe ein Bewusstseinskorrelat und werde durch das Bewusstsein konstituiert. Er schreibt:

> Das Sein, das für uns das Erste ist, ist an sich das Zweite, d. h. es ist, was es ist, nur in ‚Beziehung' zum Ersten. Nicht als ob eine blinde Gesetzesordnung es gemacht hätte, daß die ordo et connexio rerum sich nach der ordo et connexio idearum richten müsse. Realität, sowohl Realität des einzeln genommenen Dinges als auch Realität der ganzen Welt, entbehrt wesensmäßig (in unserem strengen Sinne) der Selbständigkeit. Es ist

60 Husserl schreibt: „Am liebsten hätte ich auch das arg belastete Wort Real ausgeschieden, wenn sich mir nur ein passender Ersatz dargeboten hätte." (Hua III/1, 8).

nicht in sich etwas Absolutes und bindet sich sekundär an anderes, sondern es ist in absolutem Sinne gar nichts, es hat gar kein „absolute Wesen", es hat die Wesenheit von etwas, *das prinzipiell nur Intentionales, nur Bewußtes, bewußtseinsmäßig Vorstelliges, Erscheinendes ist.*[61]

In diesem Zitat lehnt Husserl jede als in sich absolut selbstständig gedachte Realität eindeutig ab, wie sie in unsrer Begegnung mit dem Naturding bzw. der objektiven Welt meist noch unkritisch angenommen wird. Realität muss sich für ihn im Bewusstsein als solche erweisen. Husserl will dabei weder vor der Realität als etwas bloß Denkbarem, aber an sich Illusorischem, kapitulieren, noch auch die Realität nur im Sinne eines Dings an sich verstehen. Er will zunächst das Realitätsverständnis von den impliziten Annahmen des naiven Realismus bzw. subjektiven Idealismus befreien. Diesbezüglich besteht Husserl Bemühung vor allem darin, anstatt das Realitätsproblem geradewegs und unkritisch aufzuwerfen, es vielmehr in neuer Perspektive anzugehen.

Insofern ist es kein Zufall, wenn Husserl das Realitätsproblem auf die intentionale Struktur (Noesis-Noema) zurückführt. In dieser Struktur tritt die Realität des Gegenstandes bzw. der Welt auf.

Husserl hebt somit wie Scheler hervor, eine Lösung des Realitätsproblems sei nicht mit dem bloßen Verweis auf das Transzendenz-Immanenz Verhältnis schon gegeben. Entgegen Scheler fordert er jedoch, die Realität des Gegenstandes *innerhalb* dieses Verhältnisses zu erforschen. Denn für den phänomenologischen Blick gibt es keine Realität eines Gegenstandes, die sich jenseits des Transzendenz-Immanenz Verhältnisses bekundete. Die Transzendenz des Wahrnehmungsgegenstandes schließt für Husserl nicht nur alle seine sinnlichen Eigenschaften ein, sondern auch dessen Realität. Das darf jedoch nicht dazu führen, die Realität eines Objekts mit seinem idealen Sinngehalt zu verwechseln. Auch behauptet Husserl nirgendwo, das reale Objekt würde uns nur als sein transzendenter Sinngehalt verständlich. Vielmehr ist die gesamte raumzeitliche Welt, die wir als Wirklichkeit wahrnehmen, ihrem Wesen nach bloß intentionales Sein.[62] Diese Realität im Sinne von intentionalem Sein ist bei Husserl klar an die noetische Seinssetzung rückgebunden, die das intentionale Objekt in seiner perspektivischen Gegebenheit überhaupt erst als reales Objekt erscheinen lässt. Diese Seinssetzung nennt Husserl eine „transzendente Setzung".[63] In dieser Wortwahl liegt bereits die Untrennbarkeit von Transzendenz und Setzung im Wahrnehmungsobjekt. Die Herangehensweise ist: „[S]tatt sie [die Daseinssetzungen] mitzumachen, machen wir sie zu Objekten, wir nehmen sie als Bestandstücke des Phänomens, die Thesis der Wahrnehmung eben als ihre Komponente".[64]

61 Hua III/1, 106. (meine Hervorhebung)
62 Ebd.
63 Hua III/1, 208.
64 Ebd., 209.

Husserls Formulierung verweist damit klar auf eine Gleichursprünglichkeit der Gegenständlichkeit selbst und ihres Seinsmodus. Für Husserl korreliert daher die noetische Glaubensmodalität notwendig mit dem noematischen Seinscharakter. Diese Glaubensmodalität des Seinscharakters von Wahrnehmungsgegenständen nennt Husserl auch „Urdoxa" oder „Urglaube".[65] Diese Seinssetzung darf aber einerseits nicht auf die Erscheinungsreihen des Gegenstandes reduziert werden. Anderseits ist sie nicht etwas wie eine intellektuelle Kraft, durch die das erkennende Subjekt die Realität wie eine Zutat in den noematischen Gehalt nur hineinprojiziert. Eine tiefer gehende Erklärung der Glaubensmodalität findet sich nicht in den *Ideen I*, denn dort ist vor allem eine deskriptive Wesenslehre beabsichtigt. In anderen Arbeiten Husserls finden sich jedoch einige eingehendere Betrachtungen der Seinssetzung.

5.3.1 Einstimmigkeit als die Bedingung der Seinssetzung

In der Schlussbetrachtung von *Ding und Raum* hat Husserl die Mitgegebenheit des Glaubensbewusstseins in der Erscheinung des Außenobjekts deutlicher hervorgehoben. Die Urdoxa ergibt sich dabei durch eine Einstimmigkeit mit der Erscheinungsreihe:

> Zum Wesen von Dinglichkeit überhaupt gehört es, identische intentionale Einheit zu sein, die sich in seiner gewissen wirklichen oder möglichen Erscheinungsmannigfaltigkeit „Konstituiert", sich ihrem Sein und jeweiligen Sosein nach im geregelten und jeweils motivierten Erscheinungszusammenhang zusammenstimmender, sich ineinander erfüllender Erscheinungen, die von einem durchgehenden Glaubensbewußtsein oder, wenn man lieber will, Setzungs-, Seinsbewußtsein *getragen* sind.[66]

Husserl merkte bald, wie die Metapher des ‚Tragens' allein nicht ausreicht, um die Verflechtung von Setzungsbewusstsein und einheitlicher Erscheinungsreihe begreiflich zu machen. Er konzediert: „Wie dieses Setzungsbewußtsein zu den bloßen Erscheinungen steht, das bedürfte tiefergehender Untersuchungen."[67] In diesem Schlusswort von *Ding und Raum* wird deutlich: Husserl versteht die Seinssetzung des real Wahrgenommenen als eine ‚Kraft', die in der Einstimmigkeit mit den motivierten Erscheinungsreihen gründet. Er schreibt dazu: „[D]iese Vernunftsetzung in der Wahrnehmung [...] gleicht einer Kraft, die durch starke Gegenkräfte überwogen werden kann. Erfahrung ist die Kraft, welche die Existenz der Welt verbürgt, und Erfahrung ist eine Kraft, die stetig aus sich neue Kraft schöpft und sich immerfort integriert."[68] Nach Husserl besteht somit jede Wahrnehmung auch aus einer ‚Vernunftsetzung' von etwas Bestimmtem, obwohl dieses Bestimmte, wie etwa bei Täuschungen, auch in Wahrheit unwirk-

---

65 Ebd., 241.
66 Ebd., 285. (Meine Hervorhebung)
67 Hua XVI, 285.
68 Ebd., 290.

lich sein kann. Diese Seinssetzung ist keine isolierte Komponente, die das erkennende Ego den Erscheinungsreihen nachträglich hinzufügt, sondern sie ist wesentlich mit der Vernunftsetzung verbunden. Die Realität der Welt wird dabei aber nicht etwa auf das intellektuelle Denken des Ich, das den Glauben an die Realität des Objekts spontan vollzieht, gegründet. Vielmehr entspringt die Vernunftsetzung ihrerseits jener ‚Kraft', die durch die einstimmigen Erscheinungsreihen motiviert ist. Die Setzungskraft aus den motivierten und motivierenden Synthesen in den einstimmigen Erscheinungsreihen ist hier das noetische Korrelat der Realität des Dings.

So wird klar: Das Verhältnis ‚Transzendenz-Immanenz' bedeutet bei Husserl mehr als bei Scheler, indem es sowohl das einstimmige System der Wahrnehmung als auch das System der korrelierenden Setzungskraft umfasst. Schelers Kritik an Husserl lief auf die Aussage hinaus, wenn etwas ein intentionaler Gegenstand sei, könne man daran nicht ersehen, ob ihm Realität zukomme oder nicht. Doch mit der Seinssetzung bezüglich der Einstimmigkeit des Erscheinens präsentiert Husserl eine Lösung, wie Realität auch durchaus in einer intentionalen Konzeption benennbare Möglichkeitsbedingungen haben kann. Seine Position ist: Erstens, nicht jedem intentionalen Gegenstand kann Realität zugeschrieben werden. Zweitens, die Gegenstände, die als reale Gegenstände wahrgenommen werden, danken dies der Einstimmigkeit ihrer leibhaft gegebenen Erscheinungsreihen. Husserl erläutert:

> Das Ding, das ich als wahrhaft seiend soll setzen können, ist Einheit einer Mannigfaltigkeit möglicher einstimmiger Erfahrungen. Es ist denkbar, dass es nicht ist und die ganze physische Natur nicht ist, und wäre sie nicht, bestünde keine Einstimmigkeit der Erfahrung, so wäre doch Ich mit meinen unstimmigen Erscheinungen von Dingen oder mit einem Gewühl von Sinnesdaten nach der Auflösung des Erfahrungsglaubens und der Erfahrungsapperzeption von Dingtranszendenzen.[69]

Schelers Kritik verfehlt hier also Husserl, denn sie übersieht Husserls Entdeckung der notwendigen Bedingung der Realität des Objekts. Was man aber genau unter der Kraft vernünftiger Seinssetzung verstehen soll, bedarf noch der Klärung.

5.3.2 Vertiefung von Husserls Realitätsverständnis

Eine genauere Charakterisierung dieser Kraft entwickelt Husserl anhand der Passivität der Urdoxa in der genetischen Phänomenologie. Die Urdoxa ist dabei im vorprädikativen (rezeptiven) Erfahrungsfeld lokalisiert und erweitert sich zur Vorgegebenheit des konstituierten Wahrnehmungsfeldes. Es handelt sich dabei um die passive Unterstufe der Intentionalität ohne aktive Beteiligung des Ich. Der ganze Bereich der Passivität kann anhand des Gegenständlichkeitsgra-

[69] Hua XIV, 274.

des abgestuft werden. Das Wahrnehmungsfeld, als die Leistung der passiven Konstitution, schließt die vorgegebenen und eventuell gegebenen Gegenständlichkeiten in sich. Husserl stellt klar: „Vorgegeben ist irgendein Konstituiertes, sofern es einen affektiven Reiz übt, gegeben ist es, sofern das Ich dem Reiz Folge geleistet, aufmerkend, erfassend sich zugewendet hat."[70] Dieses Gefüge des Konstitutionsvorganges rechnet Husserl zu den „Grundformen der Vergegenständlichung".[71] Bereits in dieser Form gibt sich der vorgegebene Gegenstand im Wahrnehmungsfeld als etwas Reales. Husserl erläutert: „Was sich konstituiert, konstituiert sich für das Ich, und es soll sich schließlich eine voll-wirkliche Umwelt konstituieren, in die das Ich hineinlebt, hineinwirkt, von der es andererseits beständig motiviert ist."[72] Hinsichtlich der Realitätstheorie Husserls ist dieses gegenüber dem Ichleben zunächst passiv Konstituierte, das später zur ‚voll-wirklichen Umwelt' wird, eine wichtige Beobachtung. Denn hier entdeckt Husserl eine niedrigstufige Realität als vorgegebene Umwelt, die den Wahrnehmungshorizont für die ichliche Aktion bildet. Ein Gegenstand in dieser Umwelt, der zwar schon als etwas Reales gleichsam vorkonstituiert ist, kann sich dann durch aktive ichliche Zuwendung als realer Gegenstand bewähren. Durch die Erforschung der passiven Konstitutionsstufe wird also das phänomenologische Verständnis der Urdoxa deutlich vertieft. Die Urdoxa bzw. ihr Korrelat, die Realität als Seinsgewissheit, unterscheiden sich von der intellektuellen Leistung des menschlichen Denkens. Denn das Subjekt als frei Erkennendes hat bereits ein stillschweigendes Verständnis des vorprädikativen Realitätshorizonts. So befähigt erst der Passivitätsbegriff Husserl dazu, den Unterschied zwischen der doxisch-passiven Realität der Umwelt von der aktiv vorgestellten Realität eines Objektes deutlich zu machen.

In den 1930ern erforscht Husserl Grenzphänomene des transzendentalen Ichlebens. Dabei geht er auf eine noch primordialere Konstitutionsschicht in der menschlichen Subjektivität ein. In dieser Schicht bespricht Husserl z.B., wie die Mutter erstmals als ‚Ding' für ihr Kind auftritt. Dabei finde noch keine Einfühlung in die Mutter statt, allerdings geschehe bereits die kinästhetische Konstitution der Dinge und des eigenen Leibes.[73] Dieses Beispiel verdeutlicht, wie sich das Reale als Geltungssinn schon in der Anfangsphase des Ichlebens konsti-

---

70 Hua XI, 162.

71 Ebd.

72 Hierbei nähert sich Husserl Fichte. Fichtes *Die Bestimmung des Menschen* nennt den Glauben an die Realität eine wesentliche Voraussetzung des ichlichen Hineinlebens: „Ich umfasse dieselben Dinge auch durch Bedürfnis, und Begierde, und Genuß. […] Ich werde wohl genötigt an die Realität dessen zu glauben, das meine sinnliche Existenz bedroht, oder allein sie zu erhalten vermag." Fichte nennt diesen Realitätsglauben auch „das erste Wahre", das überhaupt keiner weiteren Prüfung bedarf, das vielmehr „der Grund aller andern Wahrheit und Gewissheit" ist (Fichte, *Die Bestimmung des Menschen*, 98–99). Fichte behandelt hier meines Erachtens dieselbe Struktur, die Husserl in der passiven Sphäre aufdeckt.

73 Vgl. Hua XV, 605.

tuiert.[74] Daran anknüpfend stellt Husserl sogar heraus, dass das ‚Reale' als das Nicht-Ich mit dem Ich in der tiefsten Stufe, also der Stufe vor der Naturkonstitution schon untrennbar gegeben ist. Er erläutert:

> Eidetisch sehe ich aber ein, dass ich als Pol nicht denkbar bin ohne eine reale Umgebung. Das Ich ist nicht denkbar ohne ein Nicht-Ich, auf das es sich intentional bezieht; dabei ist noch nicht gesagt, dass dies Nicht-Ich eine reale raumzeitlich-kausale Welt, eine Natur ist, und es ist auch nicht gesagt, dass dieses Ich andere Ich „neben" sich hat oder auch nur haben könnte.[75]

In Kapitel 4 wurde bereits festgestellt, wie dieses Nicht-Ich nichts anderes ist als die Urhyle, die für die Instinktintentionalität auftritt. Das synthetisierende Auftauchen der Urhyle macht gleichzeitig die reale Umwelt des menschlichen Subjekts aus. Das Reale erscheint als solches also nicht nur durch die vernünftige Seinssetzung von Objekten, sondern bedarf auch der instinktmäßigen Aufbauschicht. Deshalb ist für Husserl das Realitätserlebnis eine notwendige Dimension des Ichlebens. Er sagt ausdrücklich: „Jedes Reale ist in meinem Leben mir Geltendes in jeweiligen Modi im Geltungshorizont der Welt, die für mich Horizont in Jeweiligkeit ist."[76]

Hier wird also Husserls Insistenz auf einem intentionalen Zugang zum Realitätserlebnis des transzendentalen Lebens deutlich. Intentionalität vollzieht sich hier im Modus ‚Affektion-Zuwendung'. Selbst bei Neugeborenen bestimmt Husserl ihr Realitätserlebnis als ein intentionales Korrelat zwischen erstem Affizierenden und erster Zuwendung des Ich-Subjektes. Wird seine Aufmerksamkeit instinktiv von dem Affizierenden geweckt, erhält das Neugeborene seine reale Umwelt als Geltungssinn.[77]

So richtet sich Husserls Abbau der Phänomenschichten sogar auf die Geburt der Subjektivität. Dabei nimmt seine Methode spekulative Züge an:

> Der Urhorizont, die Erbmasse ist in ihrem Ursinn Leerhorizont. Die erste Hyle, das erst Affizierende wird zum erst Erfassten, in erster Zuwendung ist es erstes Thema als erst Erfüllendes. Das Ich vor diesem Erwachen, das Vor-Ich, das noch nicht lebendige, hat doch in seiner Weise schon Welt, in der Vor-Weise, seine inaktuelle Welt, „in" der es unlebendig ist, für die es nicht wach ist.[78]

Etwas wie das hier erwähnte ‚Vor-Ich' sowie ‚seine inaktuelle Welt' sind für diejenigen, die phänomenologische Reflexion vollziehen, nicht rein anschaulich gegeben. Trotzdem versucht Husserl – nicht auf dem Boden der Anschauung, sondern dem des wachen Ich – diese Sphäre zu bestimmen. Das Ich, als das

---

74 Husserl unterscheidet zwischen objektivierenden und nicht-objektivierenden Instinkten. Vgl. Mensch, *Instinct – A Husserlian Account*, 221–223.

75 Hua XIV, 244.

76 Hua XV, 607.

77 Vgl. Ebd., 605.

78 Ebd., 604.

Wachwerdenkönnen, enthält eine vor-ichliche Stufe.[79] Husserl setzt das Vor-Ich im bloß potenziellen Wachwerdenkönnen nicht etwa als ein weltloses an. Es ist vielmehr ein Welthabendes auf seine eigene Art und Weise. Die Bemerkungen zur Beziehung zwischen nicht-wachem ‚Subjekt' und seiner Welt weist jedoch auf etwas, das allein durch die Analyse der passiven Sphäre nicht erklärt wird. Hinsichtlich der Realität stützt sich der Begriff Urdoxa auf den passiv konstituierten Realitätsbezug des aufgewachten Subjekts. Das Reale führt aber noch tiefer, nämlich zur erstmaligen Erfahrung der Hyle, zurück, die sich im Laufe des menschlichen Aufwachens im Modus ‚Affektion-Zuwendung' ereignet. Deshalb kann es etwas Reales für das Vor-Ich bei Husserl nicht geben, weil es noch ganz in seine inaktuelle Welt verstrickt ist. Man kann das Vor-Ich also nur abstrakt ein Welthabendes nennen, aber ihm das eigentliche Realitätsmoment noch nicht zurechnen.

5.4 Schlussbemerkungen und Vermittlungsversuch zwischen Scheler und Husserl

Abschließend soll hier nun eine zusammenfassende Überlegung der obigen Forschungen zum Realitätsproblem angestellt werden. Die reine Phänomenologie Husserls darf sich nicht auf doxische Realsetzungen stützen, aber dies heißt nicht, nach der Epoché sei jede Frage nach der ursprünglichen Realität ausgeschlossen. Das Realitätsproblem bildet immer eine unentbehrliche Dimension der Phänomenologie. Husserl zeigt dabei das Reale als Geltungssinn stufenweise auf: von der Thematisierung des Urglaubens und der Urdoxa in der statischen Phänomenologie über die voll-wirkliche Umwelt des Subjekts bis zur Aufweisung von deren passiv-instinktiver Konstitution. An der Grenze der Reflexion zeigt sich das Auftreten der ersten Hyle als die Schwelle der Realität. Unter dieser Schwelle ist das Ich nur Vor-Ich. Das Vor-Ich hat zwar Weltbezug, nicht aber Realitätsbezug. Es ist für die Phänomenologie unmöglich, diesen vorichlichen Weltbezug anschaulich zu erforschen.

Der Hauptunterschied zwischen Scheler und Husserl liegt also darin, wie Husserl Realität als einen Geltungssinn, der der Konstitution entspricht, bestimmt, während Scheler Realität von der ontologischen Grundlage des Realseins ableitet. An diesem Punkt wird der Kontrast zwischen Sinn und Sein offenbar. Über jenes Reale hinaus, das durch Affizierung und erfüllende Zuwendung gewahrt wird, stieß Husserl auf das Vor-Ich und seine Welt. Dieser Bezug

[79] Lee betont den Unterschied von Ur-Ich und Vor-Ich: Es „zeigt sich die Notwendigkeit, zwei Begriffe des Ich in der transzendentalen Phänomenologie Husserls strikt zu unterscheiden: das Ur-Ich und das Vor-Ich. Das Vor-Ich ist, wie wir oben an einigen Stellen herausgestellt haben, das blinde Ausstrahlungszentrum der ursprünglichen Instinkte" (Lee, *Edmund Husserls Phänomenologie der Instinkte*, 214). Vgl. auch Hart, *Genesis, Instinct, Reconstruction*, 109.

zwischen Vor-Ich und Welt erinnert dabei an Schelers Bestimmung des Realseins, das aus einer strengen Verbundenheit von Leben und Welt entquellt. Was für die erst-personale Methode der Phänomenologie ein blinder Fleck bleiben muss, könnte sich jedoch aus der dritt-personalen Methode der philosophischen Anthropologie fassen lassen.[80]

Im Vergleich von Schelers Kritik an Husserl mit dessen eigener Darstellung zeigte sich: Die Realitätskonzeptionen der beiden Philosophen widersprechen sich nicht. Eine Vermittlung beider Positionen wäre denkbar. Entspricht die Stufe des ‚weltbezüglichen Vor-Ich' Schelers ursprünglichem Widerstandserlebnis des vitalen Lebens, dann wird die radikale Trennung zwischen dem Realsinn und dem Realsein verständlich. Laut Scheler kann sich das Realsein aus dem unmittelbaren Weltbezug des Lebens nicht intentional enthüllen. Es liegt aber der intentionalen Welteröffnung zugrunde. Realität als Geltungssinn stützt sich somit auf den unsichtbaren Boden des Realseins.

Die hier vorgeschlagene Vermittlung plausibilisiert sich weiter angesichts der Frage: Was ist der Grund der Urdoxa bei Husserl? Husserl nennt es ein Wesensgesetz,

> daß der Vorzug des Doxischen eigentlich in allgemeiner Weise doxische Modalitäten betrifft. […] In allen thetischen Charakteren stecken in dieser Art doxische Modalitäten und, wenn der Modus der der Gewißheit ist, doxische Urthesen, sich mit den thetischen Charakteren dem noematischen Sinne nach deckend. Da dies aber auch für die doxischen Abwandlungen gilt, so liegen (nun nicht mehr in noematischer Deckung) auch doxische Urthesen in jedem Akte.[81]

Die doxische Urthesis zeigt sich hier als unaufhebbare Bestimmung der Bewusstseinsakte. Mit Scheler lässt sich die Frage stellen: Woher stammen der Vorzug bzw. die Unaufhebbarkeit des Doxischen? Kann man der Urdoxa sowie den doxischen Urthesen in jedem Bewusstseinsakt nachgehen, wenn man Husserls methodischem Anspruch, also sich an der Erscheinungsweise der Phänomene streng zu orientieren, treu bleibt? Es scheint problematisch, die doxische Urthesis, wie es Husserl tut, nur als vernünftiges Strukturelement zu verstehen. Die in allen Bewusstseinsakten vollzogene Urthesis impliziert vielmehr, es müsse die vielfältige Erfahrung des Subjekts von Anfang an vom Etwas bedingt sein, das auf Schelers Schilderung des Realseins hinweist. So hebt Scheler hervor, es sei das Realitätsproblem „überhaupt nicht nur verbunden mit sinnlich wahrnehmbaren Tatsachen".[82] Der erlebte Widerstand, als „die zentrale Erfahrung

[80] Bewusstseinsmäßiger Reflexion bleibt das Realsein verborgen, weil „das stärkst Wirksamste im allgemeinen gerade das Bewußtseinsfernste ist" (Scheler, *Idealismus – Realismus*, 214).
[81] Hua III/1, 271.
[82] Scheler, *Idealismus – Realismus*, 213.

unseres Drangs", liege auch der inneren psychischen Sphäre zugrunde, z.B. dem Gefühl, bewusstem willkürlichem Tun und der Aufmerksamkeit.[83]

Abseits dieser Vermittlungsmöglichkeit verbleibt als wesentlicher Unterschied zwischen beiden Schelers Beharren darauf, die Realität in zwei Dimensionen zu denken. Er fragt, „was denn das Realitätsmoment an den Gegenständen ist und wie es uns gegeben ist."[84] Man soll also zunächst die Frage nach dem Was-Sein (der Was-heit) und die nach dem Wie-Sein (der Wie-heit) auseinanderhalten. Beide sind nach Scheler nicht auf einer Ebene zu denken. Husserls Errungenschaft besteht darin, die Gegebenheitsweise, das Wie zu erleuchten. Dabei bleibt jedoch das Was-Sein, das Realsein bei Husserl unterbelichtet. Auch wenn Husserl den primordialen Erfahrungsbereich des Menschen bedenkt, gelangt er dabei in der intentionalen Affektions-Zuwendung nicht dazu, das Gewicht des Was-Seins, des Realseins adäquat hervorzuheben.

Es ist kein Zufall, dass sowohl Scheler wie auch Dilthey vorschlagen, die Realitätserfahrung zuerst als ‚Hineinleben und Widerstand' zu fassen. Der Widerstand, ganz gleich ob unmittelbar oder mittelbar, ist ihnen die unentbehrliche, nicht-intentionale Dimension im Empfinden bzw. die Schnittstelle zwischen mir als leibhaftem Menschen und der Außenwelt. Bei Husserl fehlt diese Dimension in der Charakterisierung der Hyle, sowohl der hyletischen Daten als auch der passiv konstituierten Urhyle.[85] Der Fokus vorliegender Arbeit, die Hyle-Impression entquellt keiner intentionalen Synthesis. Sie kann nur als „Evidenz im Augenblick" vorgestellt werden.[86] Nach Husserls Sichtweise gibt es unter der Schwelle der Urhyle nur ein bloßes Gewühl, einen dunklen, chaotischen Bereich. Ihm entspricht ein Subjekt ‚im reinen Schlaf' – ein ganz bewusstloses bzw. ohnmächtiges Subjekt. Scheler zufolge ist dieses laut Husserl ohnmächtige, bewusstlose Subjekt jedoch gerade umgekehrt das mächtigste. Laut Scheler wird die Hyle-Impression durch den Widerstand der Kraft des Lebens stets in

[83] Ebd.

[84] Scheler, *Erkenntnis und Arbeit*, 363.

[85] Husserl versteht unter ‚Widerstand' kausale Eigenschaften des Dings in seiner Beziehung auf das praktische Ich-Tue: „Die Welt als durch die ichliche Praxis mitkonstituiert: der Widerstand eines Dinges, subjektiv gesehen, ist die dem Ding zugehörige Eigenheit, in dem gleichen Veränderungszustand stets die gleiche subjektive Stoßkraft zu erfordern, um einen gewissen neuen Veränderungszustand einzugehen, genauer, einen Bewegungszustand"(Hua XV, 322). Vgl. Kaiser, *Das Motiv der Hemmung in Husserls Phänomenologie*, 64–65.

[86] Dieser Ausdruck stammt von Manfred Sommer. Zur Schwierigkeit einer entsprechenden Forschung schreibt er: „Wer sich eine Phänomenologie der reinen Empfindung ausdenkt, gerät an einen Punkt, wo das frei variierende Umdenken, weil es ein Denken ist, nicht weiterführt. Intentionalität ist eben selbst eine Art Denken. Was nicht mehr gedacht werden kann, muß sich ereignen." (Sommer, *Evidenz im Augenblick*, 9–10). Um diese Schwierigkeit zu bewältigen, fordert Sommer, die Phänomenologie müsse zur Geschichte kommen. Konkret solle Mach Gesprächspartner für Husserls Phänomenologie sein, um diesen phänomenologisch undenkbaren Augenblick näher zu bestimmen. In der vorliegenden Arbeit wurden stattdessen diesbezüglich Scheler und Henry konsultiert.

der Evidenz des Augenblicks erzeugt. Diese Hyle-Impression liefert einerseits als das echte urquellende Jetzt sowohl die Kraft als auch den Inhalt des intentionalen Ablaufens der zeitlichen Urimpression bzw. ihrer Kontinuität. Andererseits kann sich diese Hyle-Impression vor der intentionalen Schau, die *eine besondere Art des Lebens* ist, nicht enthüllen, weil die Hyle-Impression sich im *alles fundierenden Leben* findet.

Im Laufe der vorliegenden Arbeit wurde eine Übereinstimmung von Henry und Scheler in vielen Aspekten deutlich. Vermittels der kritischen Untersuchung der Zeittheorie Husserls kommt Henry zum Schluss, die Realität sei allein die Realität des Lebens, die sich als eine ‚vorantreibende Kraft', als ‚ein unwiderstehlicher Drang' dem Blick immerzu entzieht. Auch Scheler kritisiert an Husserl, er habe die Realität als Widerstand der Lebenskraft mit dem bloßen „eine Stelle in der Zeit haben" verwechselt.[87] Aber während Henry von der Lebenskraft als Affektivität des Lebens allein beim Menschen spricht, setzt Scheler den Lebensdrang bei allen Lebewesen an. Auch bei ihm besteht jedoch der Lebensbegriff beim Menschen in einem vor- und nicht-intentionalen Leben, das dem intentionalen Bewusstseinsleben vorausgeht und zugrunde liegt.

Damit spätestens beginnen aber auch die Diskrepanzen zwischen Scheler und Henry. Das Leben bestimmt Henry als die Nicht-Welthaftigkeit der Affektivität. Die nicht-welthafte Affektivität ist zwar diese Lebenskraft, aber laut Henry hat sie einen verschlossenen Selbstvollzug, der sich nur mithilfe christlicher Inkarnation fassen lässt.

Die Charakterisierung der Affektivität bleibt allerdings bei Scheler und Husserl problematisch. Wie aufgezeigt wurde, hält Husserl daran fest, sogar das Vor-Ich sei mit einer Welt in bestimmter Art und Weise verbunden. Husserl spricht metaphorisch von dem ersten Horizont als „Erbmasse",[88] wo sich die anfängliche Konstitution der Welt mit der affizierenden Urhyle ereignet. Scheler geht ganz selbstverständlich davon aus, das Leben, gleich ob es sich um pflanzliches, tierisches oder menschliches handelt, hänge mit der widerstehenden Umwelt je schon zusammen. Er bestimmt dieses allgemeinsame Leben als den „Gefühlsdrang", der „nicht nur in allen Tieren, sondern auch im Menschen noch vorhanden ist".[89] Dieser Gefühlsdrang ist als automotorische Kraft „ein ganz *nach außen gerichteter* Drang".[90] Der Gefühlsdrang des Menschen deutet darauf hin, wie sich das menschliche Subjekt in seiner tiefsten Selbstaffektion bereits im primären Widerstandserlebnis eines umweltlichen ‚Außen' befindet. Deshalb ist bei Scheler die Affektivität des Lebens, die als Kraftquelle der intentionalen

---

[87] Scheler kritisiert: „Husserl hat diese Frage niemals eingehend erwogen, sich vielmehr mit der vagen und überdies falschen Angabe begnügt, Realsein sei gleichbedeutend mit «eine Stelle in der Zeit haben»." (Scheler, *Idealismus – Realismus*, 207).

[88] Hua XV, 601

[89] Scheler, *Die Stellung des Menschen in Kosmos*, 17.

[90] Ebd., 15. (Meine Hervorhebung).

Konstitution des Subjekts wie der Welt fungiert, zwar der erst-personalen Perspektive unsichtbar, aber doch weltlich. Die erste Gegebenheit der Hyle ist dann die erste Sichtbarkeit, die ihren unsichtbaren Grund im Realsein hat, das aus dem Zusammenspiel vom Vorwärtstrieb des Lebens mit dem Widerstand der Welt zehrt. In Kapitel 3 wurde bei Henry die Urimpression als das Sich-Vernichten, Sich-Verschwinden bestimmt. Dies erlaubte ihm, zwischen der Urimpression als Selbstaffektion und der Urimpression als intentionaler Zeitphase zu unterscheiden. In diesem folgenreichen Schritt gibt Henry aber die Weltbezüglichkeit des Subjekts preis, obwohl er damit vermutlich nur die absolute Subjektivität als eine nicht-intentionale Dimension gewinnen wollte. Anschließend appelliert Henry an theologische Inhalte, um die Welteröffnung für das Subjekt trotz seiner weltlosen Selbstheit verständlich zu machen. Derart fragliche Zusatzhypothesen sind in Husserls und Schelers Position überflüssig. Hätte also Henry die Urimpression anders gedacht, hätte er vielleicht genau denselben Weg wie Scheler eingeschlagen.

Literatur

Erläuterung zur Zitation

Im gesamten Text werden Husserls Texte nach der Gesamtausgabe seiner Werke, der *Husserliana,* sowie den Dokument- und Materialien-Bänden, zitiert (Bsp.: Hua XXV, S. 45; Hua Materialien IX, S. 143). Auf den Sperrdruck des Originals wird dabei durchweg verzichtet. Eventuelle Hervorhebungen meinerseits sind in den Zitaten jeweils fett gedruckt.

1. Werke von Husserl

A) Husserl, Edmund: *Gesammelte Werke, Husserliana*, Martinus Nijhoff, Den Haag 1950; ab 1987 Kluwer Academic Publishers, Dordrecht/Boston/ London; ab 2006 Kluwer Academic Publishers, Dordrecht.

II: *Die Idee der Phänomenologie*, Walter Biemel (Hrsg.), 1973.

III/1: *Ideen zu einer reinen Phänomenologie und phänomenologischen Philosophie. Erstes Buch. Allgemeine Einführung in die reine Phänomenologie*, Karl Schuhmann (Hrsg.), 1967.

IV: *Ideen zu einer reinen Phänomenologie und phänomenologischen Philosophie. Zweites Buch: Phänomenologische Untersuchung zur Konstitution*, Marly Biemel (Hrsg.), 1954.

X: *Zur Phänomenologie des inneren Zeitbewusstseins (1893-1917)*, Rudolf Boehm (Hrsg.), 1959.

XI: *Analysen zur Passiven Synthesis*, Margot Fleischer (Hrsg.), 1966.

XIII: *Zur Phänomenologie der Intersubjektivität. Texte aus dem Nachlaß. Erster Teil: 1905-1920*, Iso Kern (Hrsg.), 1973.

XIV: *Zur Phänomenologie der Intersubjektivität. Texte aus dem Nachlaß. Zweiter Teil: 1921-1928*, Iso Kern (Hrsg.), 1973.

XV: *Zur Phänomenologie der Intersubjektivität. Texte aus dem Nachlaß. Dritter Teil:1928-1935*, Iso Kern (Hrsg.), 1973.

XVI: *Ding und Raum. Vorlesungen 1907*, Ulrich Claesges (Hrsg.), 1984.

XVII: *Formale und Transzendentale Logik. Versuch einer Kritik der logischen Vernunft*, Paul Janssen (Hrsg.), 1974.

XVIII: *Logische Untersuchungen. Erster Band: Prolegomena zur reinen Logik*, Elmar Holenstein (Hrsg.), 1957.

XIX/1: *Logische Untersuchungen. Zweiter Band: Untersuchungen zur Phänomenologie und Theorie der Erkenntnis, Erster Teil*, Ursula Panzer (Hrsg.), 1984.

XIX/2: *Logische Untersuchungen. Zweiter Band: Untersuchungen zur Phänomenologie und Theorie der Erkenntnis, Zweiter Teil*, Ursula Panzer (Hrsg.), 1984.

XXVII: *Aufsätze und Vorträge (1922-1937)*, Thomas Nenon und Hans Reiner Sepp (Hrsg.), 1989.

XXXIII: *Die Bernauer Manuskripte über das Zeitbewusstsein. Texte aus dem Nachlass (1917-1918)*, Rudolf Bernet und Dieter Lohmar (Hrsg.), 2001.

XLII: *Grenzprobleme der Phänomenologie. Analysen des Unbewusstseins und der Instinkte. Metaphysik. Späte Ethik. Texte aus dem Nachlass (1908-1937)*, Rochus Sowa und Thomas Vongehr (Hrsg.), 2014.

B) Husserl, Edmund: *Husserliana – Materialien*, Kluwer Academic Publishers, ab 2001 Dordrecht/Boston/London; ab 2006 Dordrecht.

VIII: *Späte Texte über Zeitkonstitution (1929-1934). Die C-Manuskripte*, Dieter Lohmar (Hrsg.), 2006.

C) Außerhalb der Husserliana:

Husserl, Edmund: *Erfahrung und Urteil. Untersuchungen zur Genealogie der Logik*, Ludwig Landgrebe (Red. und Hrsg.), Felix Meiner, Hamburg 1948.

2. Dilthey, Henry, Scheler

Dilthey, Wilhelm: *Beiträge zur Lösung der Frage vom Ursprung unseres Glaubens an die Realität der Außenwelt und seinem Recht*, in: *Gesammelte Schriften*, Band V, Teubner, Leipzig/Berlin 1924.

Henry, Michel: *Affekt und Subjektivität. Lebensphänomenologische Beiträge zur Psychologie und zum Wesen des Menschen*, Alber, Freiburg 2005.

-: *Inkarnation. Eine Philosophie des Fleisches*, Alber, Freiburg 2002.

-: *L'essence de la manifestation*, Presses universitaires de France, Paris 1963.

-: *Nicht-intentionale Phänomenologie und Gegen-Reduktion*, in: Kühn, Rolf; Staudigl, Michael (Hrsg.): *Epoché und Reduktion. Formen und Praxis der Reduktion in der Phänomenologie*, Königshausen & Neumann, Würzburg 2003, 65–78.

-: *Phénoménologie matérielle*, Presses universitaires de France, Paris 1990.

-: *Radikale Lebensphänomenologie. Ausgewählte Studien zur Phänomenologie*, übers. und hrsg. von Rolf Kühn, Alber, Freiburg 1992.

Scheler, Max: *Die Stellung des Menschen im Kosmos*, in: *Gesammelte Werke*, Band IX, Bouvier, Bern 1976.

-: *Erkenntnis und Arbeit*, in: *Gesammelte Werke*, Band VIII, Bouvier, Bern 1960.

-: *Idealismus – Realismus*, in: *Gesammelte Werke*, Band IX, Bouvier, Bern 1976.

3. Konsultierte Forschungsliteratur

Almeida, Guido Antônio de: *Sinn und Inhalt in der genetischen Phänomenologie E. Husserls*, Martinus Nijhoff, Den Haag 1972.

Bernet, Rudolf: *Die Einleitung*, in: Bernet, Rudolf (Hrsg.): *Texte zur Phänomenologie des inneren Zeitbewusstseins (1893-1917)*, Meiner, Hamburg 1985, I–XI.

-: *Zur Phänomenologie von Trieb und Lust bei Husserl*, in: Lohmar, Dieter; Fonfara, Dirk (Hrsg.): *Interdisziplinäre Perspektiven der Phänomenologie*, Kluwer Academic Publishers, Dordrecht 2006, 38–53.

Boehm, Rudolf: *Vom Gesichtspunkt der Phänomenologie*, Martinus Nijhoff, Den Haag 1968.

Brentano, Franz: *Philosophische Untersuchungen zu Raum, Zeit und Kontinuum Hamburg*, Meiner, Hamburg 1976.

Brough, John: *The Emergence of Absolute Consciousness in Husserl's Early Writings on Time-Consciousness*, in: Man and World 5/3 (1972), 298–326.

-: *Husserl's Phenomenology of Time-Consciousness*, in: Mohanty, J. N.; Mckenna, W. R. (Hrsg.): *Husserl's Phenomenology. A Textbook*, University Press of America, Latham, MD 1989, 249–289.

Crowell, Steven: *Normativity and Phenomenology in Husserl and Heidegger*, Cambridge University Press, Cambridge, UK/New York 2013.

Dahlstrom, Daniel O.: *Scheler's Critique of Heidegger's Fundamental Ontology* in: Schneck, Stephen (Hrsg.): *Max Scheler's Acting Persons. New Perspectives*, Rodopi, Amsterdam 2002, 67–92.

Derrida, Jacques: *Die Stimme und das Phänomen. Ein Essay über das Problem des Zeichens in der Philosophie Husserls*, Suhrkamp, Frankfurt a. M. 1979.

Fichte, Johann Gottlieb: *Die Bestimmung des Menschen*, Meiner, Hamburg 2000.

Fink, Eugen: *Studien zur Phänomenologie, 1930-1939*, Martinus Nijhoff, Den Haag 1966.

Føllesdal, Dagfinn: *Intentionalität und ihr Gegenstand*, in: Frank, Manfred; Weidtmann, Niels (Hrsg.): *Husserl und die Philosophie des Geistes*, Suhrkamp, Berlin 2010, 134–156.

Frank, Manfred: *Zeitbewusstsein*, Neske, Pfullingen 1990.

Frings, Manfred S.: *Max Scheler. Drang und Geist*, in: Speck, Josef (Hrsg.): *Grundprobleme der großen Philosophen. Philosophie der Gegenwart II*, Vandenhoeck & Ruprecht, Göttingen 1991, 9–42.

Gallagher, Shaun: *Hyletic Experience and the Lived Body*, in: Husserl Studies 3/2 (1986), 131–166.

Gander, Hans-Helmut: (Hrsg.): *Husserl Lexikon*, Wissenschaftliche Buchgesellschaft, Darmstadt 2009.

-: *Positivismus als Metaphysik. Voraussetzungen und Grundstrukturen von Diltheys Grundlegung der Geistwissenschaften*, Alber, Freiburg 1988.

Gondek, Hans-Dieter; Tengelyi, László: *Neue Phänomenologie in Frankreich*, Suhrkamp, Berlin 2011.

Gurwitsch, Aron: *Das Bewusstseinsfeld*, übers. von Werner D. Fröhlich, de Gruyter, Berlin 1975.

Hart, James: *Genesis, Instinct, Reconstruction*, in: Husserl Studies 15/2 (1998), 101–123.

Heidegger, Martin: *Sein und Zeit*, M. Niemeyer, Tübingen 1967.

Holenstein, Elmar: *Phänomenologie der Assoziation*, Martinus Nijhoff, Den Haag 1972.

Kaiser, Ulrich: *Das Motiv der Hemmung in Husserls Phänomenologie*, Wilhelm Fink, München 1997.

Kern, Iso: *Idee und Methode der Philosophie. Leitgedanken für eine Theorie der Vernunft*, de Gruyter, Berlin/New York 1975.

Kühn, Rolf: *Wie das Leben spricht. Narrativität als radikale Lebensphänomenologie. Neuere Studien zu Michel Henry*, Springer, Dordrecht 2016.

Landgrebe, Ludwig: *Faktivität und Individuation. Studien zu den Grundfragen der Phänomenologie*, Meiner, Hamburg 1982.

-: *Prinzipien der Lehre vom Empfinden*, in: Zeitschrift für philosophische Forschung 8 (1954), 195–210.

Lee, Nam-In: *Edmund Husserls Phänomenologie der Instinkte*, Kluwer Academic Publishers, Dordrecht/Boston 1993.

-: *Wissenschaftliche Lebensphilosophie als Grundcharakter der Phänomenologie*, in: Tymieniecka, Anna-Teresa (Hrsg.): *Heaven, Earth, and In-Between in the Harmony of Life*, Kluwer Academic Publishers, Dordrecht 1995, 25–48.

Lessing, Hans-Ulrich: *Dilthey und Helmholtz. Aspekte einer Wirkungsgeschichte*, in: Deutsche Zeitschrift für Philosophie 43/5 (1995), 819–833.

-: *Wilhelm Dilthey. Eine Einführung*, UTB, Stuttgart 2011.

Lohmar, Dieter: *Phänomenologie der schwachen Phantasie. Untersuchungen der Psychologie, Cognitive Science, Neurologie und Phänomenologie zur Funktion der Phantasie in der Wahrnehmung*, Springer, Dordrecht 2008.

-: *Synthesis in Husserls Phänomenologie*, in: Düsing, Klaus; Fonfara, Dirk (Hrsg.): *Metaphysik als Wissenschaft. Festschrift für Klaus Düsing zum 65. Geburtstag*, Alber, Freiburg 2006, 387–407.

Mckenna, William R.: *The Problem of Sense Data in Husserl's Theory of Perception*, in: Lester, Embree (Hrsg.), *Essays in Memory of Aron Gurwitsch*, University of America, Washington, DC 1984, 223–239.

Melle, Ulrich: *Das Wahrnehmungsproblem und seine Verwandlung in phänomenologischer Einstellung. Untersuchungen zu den phänomenologischen Wahrnehmungstheorien von Husserl, Gurwitsch und Merleau-Ponty*, Martinus Nijhoff, Den Haag 1983.

Mensch, James: *Instinct – A Husserlian Account*, in: Husserl Studies 14/3 (1997), 219–237.

-: *Retention and the Schema*, in: Lohmar, Dieter; Yamaguchi, Ichiro (Hrsg.): *On Time. New Contributions to the Husserlian Phenomenology of Time*, Springer, Dordrecht 2010 , 153–168.

Ni, Liangkang: *Urbewußtsein und Unbewußtsein in Husserls Zeitverständnis*, in: Husserl Studies 21/1 (2005), 17–33.

Niel, Luis: *Absoluter Fluss, Urprozess, Urzeitigung. Die untersten Stufen der Konstitution in Edmund Husserls Phänomenologie der Zeit*, Königshausen & Neumann, Würzburg 2011.

Rabanaque, Luis: *Hyle, Genesis and Noema*, in: Husserl Studies 19/3 (2003), 205–215.
Römer, Inga: *Das Zeitdenken bei Husserl, Heidegger und Ricoeur*, Springer, Dordrecht 2010.
Sartre, Jean-Paul: *Das Sein und das Nichts. Versuch einer phänomenologischen Ontologie*, übers. von Traugott König und Hans Schöneberg, Rowohlt, Hamburg 1991.
Schmitz, Hermann: *Ausgrabungen zum wirklichen Leben. Eine Bilanz*, Alber, Freiburg 2016.
Sepp, Hans Reiner: *Über die Grenze. Prolegomena zu einer Philosophie des Transkulturellen*, Traugott Bautz, Nordhausen 2014.
Smith, Quentin: *A Phenomenological Examination of Husserl's Theory of Hyletic Data*, in: Philosophy Today 21/4 (1977), 356–367.
Sokolowski, Robert: *The Formation of Husserl's Concept of Constitution*, Martinus Nijhoff, Den Haag 1964.
Sommer, Manfred: *Evidenz im Augenblick. Eine Phänomenologie der reinen Empfindung*, Suhrkamp, Frankfurt a. M. 1987.
-: *Leben aus Erlebnis. Dilthey und Mach*, in: Orth, Ernst Wolfgang (Hrsg.): *Dilthey und der Wandel des Philosophiebegriffs seit dem 19. Jahrhundert: Studien zu Dilthey und Brentano, Mach, Nietzsche, Twardowski, Husserl, Heidegger*, Alber, Freiburg/München 1984, 55–79.
Staiti, Andrea: *Geistigkeit, Leben und geschichtliche Welt in der Transzendentalphänomenologie Husserls*, Ergon, Würzburg 2010.
-: *Husserl's Transcendental Phenomenology. Nature, Spirit, and Life*, Cambridge University Press, Cambridge/New York 2014.
Staudigl, Michael: *Die Grenzen der Intentionalität. Zur Kritik der Phänomenalität nach Husserl*, Königshausen & Neumann, Würzburg 2003.
Ströker, Elisabeth: *Husserls transzendentale Phänomenologie*, V. Klostermann, Frankfurt a. M. 1987.
-: *Systematische Beziehung der Husserlschen Philosophie zu Dilthey*, in: Apel, Karl-Otto; Orth, Ernst Wolfgang (Hrsg.): *Dilthey und die Philosophie der Gegenwart*, Alber, Freiburg 1983 , 63–96.
Tengelyi, László: *Zeit und Empfindung (E. Husserl, E. Lévinas, M. Henry)*, in: Recherches Husserliennes 4 (1995), 53–76.
Waldenfels, Bernhard: *Bruchlinien der Erfahrung. Phänomenologie, Psychoanalyse, Phänomenotechnik*, Suhrkamp, Frankfurt a. M. 2002.
-: *Phänomenologie in Frankreich*, Suhrkamp, Frankfurt a. M. 1983.
Zahavi, Dan: *Metaphysical Neutrality in Logical Investigations*, in: Zahavi, Dan; Stjernfelt, Frederik (Hrsg.): *One Hundred Years of Phenomenology. Husserl's Logical Investigations Revisited*, Kluwer Academic Publishers, Dordrecht 2002, 93–109.
-: *Subjectivity and Selfhood*, The MIT Press, Cambridge, MA 2005.

-: *Subjectivity and Immanence in Michel Henry*, in: Grøn, Arne; Damgaard, Iben; Overgaard, Søren (Hrsg.): *Subjectivity and Transcendence*, Mohr Siebeck, Tübingen 2007, 133–147.
-: *The Fracture in Self-Awareness*, in: Zahavi, Dan (Hrsg.): *Self-Awareness, Temporality, and Alterity*, Kluwer Academic Publishers, Dordrecht 1998, 21–40.
-: *The Three Concepts of Consciousness in Logische Untersuchungen*, in: Husserl Studies 18/1 (2002), 51–64.

STUDIEN ZUR PHÄNOMENOLOGIE UND PRAKTISCHEN PHILOSOPHIE

ISSN 1866-4814

Herausgegeben von
Christian Bermes | Hans-Helmuth Gander
Lore Hühn | Günter Zöller

1 | Hühn, Lore (Hrsg.)
Die Ethik Arthur Schopenhauers im Ausgang vom Deutschen Idealismus (Fichte/Schelling)
2006. 559 S. Kt. € 65,00
ISBN 978-3-89913-480-3

2 | Morin, Marie-Eve
Jenseits der brüderlichen Gemeinschaft. Das Gespräch zwischen Jacques Derrida und Jean-Luc Nancy
(vergriffen) ISBN 978-3-89913-491-9

3 | Arahata, Yasuhiro
Welt - Sprache - Vernunft. Ein sprachphilosophischer Beitrag zur Verbindung von Phänomenologie, Hermeneutik und Philosophie des Geistes
2006. 412 S. Kt. € 48,00
ISBN 978-3-89913-517-6

4 | Boldt, Joachim
Sein und Sollen. Philosophische Fragen zu Erkenntnis und Verantwortlichkeit
2008. 235 S. Kt. € 32,00
ISBN 978-3-89913-607-4

5 | Gander, Hans-Helmuth - Fludernik, Monika - Albrecht, Hans-Jörg (Hrsg.)
Bausteine zu einer Ethik des Strafens. Philosophische, juristische und literaturwissenschaftliche Perspektiven
2008. VIII/328 S. Kt. € 38,00
ISBN 978-3-89913-608-1

6 | Muñoz Pérez, Enrique V.
Der Mensch im Zentrum, aber nicht als Mensch. Zur Konzeption des Menschen in der ontologischen Perspektive Martin Heideggers
2008. 181 S. Kt. € 24,00
ISBN 978-3-89913-609-8

7 | Krenberger, Verena
Anthropologie der Menschenrechte. Hermeneutische Untersuchungen rechtlicher Quellen
2008. 542 S. Kt. € 58,00
ISBN 978-3-89913-654-8

8 | d'Alfonso, Matteo Vincenzo
Schopenhauers Kollegnachschriften der Metaphysik- und Psychologievorlesungen von G. E. Schulze (Göttingen, 1810-11)
2008. 200 S. Geb. € 32,00
ISBN 978-3-89913-657-9

9 | Anelli, Alberto
Heidegger und die Theologie. Prolegomena zur zukünftigen theologischen Nutzung des Denkens Martin Heideggers
2008. 428 S. Kt. € 55,00
ISBN 978-3-89913-661-6

10 | Rimpler, Rüdiger H.
Prozessualität und Performativität in Heideggers „Beiträgen zur Philosophie“. Zur Zeitigung von Sinn im Gedanken an die Wesung
2008. VIII/147 S. Kt. € 27,00
ISBN 978-3-89913-663-0

11 | Cecchinato, Giorgia
Fichte und das Problem einer Ästhetik
2009. 127 S. Kt. € 24,00
ISBN 978-3-89913-623-4

12 | Navigante, Adrián
Der (Nicht-)Ort des Nichtidentischen in der Philosophie Theodor W. Adornos: Zu einer neuen Semantik des Subjektbegriffs
2009. 339 S. Kt. € 42,00
ISBN 978-3-89913-703-3

ERGON

STUDIEN ZUR PHÄNOMENOLOGIE UND PRAKTISCHEN PHILOSOPHIE

ISSN 1866-4814

Herausgegeben von
Christian Bermes | Hans-Helmuth Gander
Lore Hühn | Günter Zöller

13 | Gander, Hans-Helmuth – Goldschmidt, Nils – Dathe, Uwe (Hrsg.)
Phänomenologie und die Ordnung der Wirtschaft. Edmund Husserl – Rudolf Eucken – Walter Eucken – Michel Foucault
2009. VIII/178 S. Geb. € 32,00
ISBN 978-3-89913-709-5

14 | Gubatz, Thorsten
Heidegger, Gadamer und die Turiner Schule. Die Verwindung der Metaphysik im Spannungsfeld zwischen Glaube und Philosophie
2009. 447 S. Kt. € 58,00
ISBN 978-3-89913-711-8

15 | Petrillo, Natalia Carolina
Die immanente Selbstüberschreitung der Egologie in der Phänomenologie Edmund Husserls
2009. 364 S. Kt. € 48,00
ISBN 978-3-89913-727-9

16 | Seliger, Anja
Freiheit und Bild. Die frühe Entwicklung Fichtes von den *Eignen Meditationen* bis zur Wissenschaftslehre *nova methodo*
2010. 358 S. Kt. € 45,00
ISBN 978-3-89913-736-1

17 | Galland-Szymkowiak, Mildred – Chédin, Maxime – Weiß, Michael Bastian (Hrsg.)
Fichte – Schelling: Lectures croisées / Gekreuzte Lektüren
2010. 320 S. franz., dt. Txt. Geb. € 45,00
ISBN 978-3-89913-728-6

18 | Staiti, Andrea Sebastiano
Geistigkeit, Leben und geschichtliche Welt in der Transzendentalphänomenologie Husserls
2010. 243 S. Geb. € 38,00
ISBN 978-3-89913-737-8

19 | Serra, Alice Mara
Archäologie des (Un)bewussten. Freuds frühe Untersuchung der Erinnerungschichtung und Husserls Phänomenologie des Unbewussten
2010. 286 S. Kt. € 37,00
ISBN 978-3-89913-791-0

20 | Doyon, Maxime
Der transzendentale Anspruch der Dekonstruktion. Zur Erneuerung des Begriffs ‚transzendental' bei Derrida
2010. 267 S. Kt. € 35,00
ISBN 978-3-89913-792-7

21 | Merz, Philippe – Staiti, Andrea – Steffen, Frank (Hrsg.)
Geist – Person – Gemeinschaft. Freiburger Beiträge zur Aktualität Husserls
2010. 301 S. Kt. € 38,00
ISBN 978-3-89913-750-7

22 | Langen, Dagmar
Von der Seele zum Ich. Fichtes Auseinandersetzung mit der Psychologie in der frühen Wissenschaftslehre
2011. 315 S. Kt. € 39,00
ISBN 978-3-89913-823-8

23 | Dörendahl, Roswitha
Abgrund der Freiheit. Schellings Freiheitsphilosophie als Kritik des neuzeitlichen Autonomie-Projektes
2011. 262 S. Kt. € 38,00
ISBN 978-3-89913-725-5

24 | Römer, Inga (Hrsg.)
Subjektivität und Intersubjektivität in der Phänomenologie
2011. 251 S. Kt. € 38,00
ISBN 978-3-89913-820-7

ERGON

STUDIEN ZUR PHÄNOMENOLOGIE UND PRAKTISCHEN PHILOSOPHIE

ISSN 1866-4814

Herausgegeben von
Christian Bermes | Hans-Helmuth Gander
Lore Hühn | Günter Zöller

25 | Lee, Sang Hyung
Moralität und Sittlichkeit. Versuch einer Synthese im Hinblick auf die Ethik des Guten
2011. 353 S. Kt. € 45,00
ISBN 978-3-89913-819-1

26 | Bisol, Benedetta
Körper, Freiheit und Wille. Die transzendentalphilosophische Leiblehre J. G. Fichtes
2011. 191 S. Kt. € 28,00
ISBN 978-3-89913-840-5

27 | Renker, Jan
Markt und Gerechtigkeit. Untersuchungen zum Selbstverständnis des Bürgers im Ausgang von Rawls, Kant und Hegel
2012. 306 S. Kt. € 39,00
ISBN 978-3-89913-854-2

28 | Ferrer, Diogo – Pedro, Teresa (Hrsg.)
Schellings Philosophie der Freiheit. Studien zu den Philosophischen Untersuchungen über das Wesen der menschlichen Freiheit
2012. 316 S. Kt. € 42,00
ISBN 978-3-89913-818-4

29 | Verano Gamboa, Leonardo
Phänomenologie der Sprache bei Maurice Merleau-Ponty
2012. 204 S. Kt. € 32,00
ISBN 978-3-89913-905-1

30 | Geboers, Tom
Rückkehr zur Erde. Grundriss einer ‚Ökologie der Geschichte' im Ausgang von Schelling, Nietzsche und Heidegger
2012. 461 S. Kt. € 48,00
ISBN 978-3-89913-904-4

31 | Ubiali, Marta
Wille – Unbewusstheit – Motivation. Der ethische Horizont des Husserl'schen Ich-Begriffs
2012. 207 S. Kt. € 32,00
ISBN 978-3-89913-952-5

32 | Guschwa, Michael
Dialektik und philosophische Geschichtserzählung beim späten Schelling
2012. 202 S. Kt. € 32,00
ISBN 978-3-89913-953-2

33 | Fabbianelli, Faustino (Hrsg.)
Theodor Lipps. Schriften zur Psychologie und Erkenntnistheorie: 1. Band (1874-1899) – 2. Band (1900-1902) – 3. Band (1903-1905) – 4. Band (1906-1914)
2013. LXXII/470/431/589/568 S. 4 Bde.
Geb. € 198,00 ISBN 978-3-95650-006-0

34 | Boros, Bianka
Selbstständigkeit in der Abhängigkeit. Nicolai Hartmanns Freiheitslehre
2015. XII/212 S. Geb. € 34,00
ISBN 978-3-95650-082-4

35 | Franco Elizondo, Apolonia
Theorie der Globalen Gerechtigkeit. Zwischen Anerkennung und Umverteilung
2015. 187 S. Kt. € 28,00
ISBN 978-3-95650-118-0

36 | Han, Choong-Su
Erfahrung *und* Atmung bei Heidegger
2016. 193 S. Kt. € 32,00
ISBN 978-3-95650-112-8

37 | Kiewitt, Stefanie
Leben, Bewusstsein und Verantwortung bei Charles Taylor. Ethische Reflexionen zum Neuro-Enhancement
2016. 223 S. Kt. € 32,00
ISBN 978-3-95650-146-3

ERGON

STUDIEN ZUR PHÄNOMENOLOGIE UND PRAKTISCHEN PHILOSOPHIE

ISSN 1866-4814

Herausgegeben von
Christian Bermes | Hans-Helmuth Gander
Lore Hühn | Günter Zöller

38 | Waibel, Violetta L. – Brinnich, Max – Danz, Christian – Hackl, Michael – Hühn, Lore – Schaller, Philipp (Hrsg.)
Ausgehend von Kant. Wegmarken der Klassischen Deutschen Philosophie
2016. 347 S. Kt. € 45,00
ISBN 978-3-95650-232-3

39 | Hand, Annika
Ethik der Liebe und Authentizität
2017. 331 S. Kt. € 42,00
ISBN 978-3-95650-217-0

40 | Fumagalli, Sara
Wege zu einer neuen Phänomenologie: Landgrebe, Fink und Patočka im Dialog
2017. 152 S. Kt. € 25,00
ISBN 978-3-95650-288-0

41 | Fazzi, Simone
Religiöses Leben und philosophische Selbstbestimmung. Der Luther'sche Beitrag zur Entwicklung der Philosophie des jungen Heidegger.
2017. 212 S. Kt. € 28,00
ISBN 978-3-95650-287-3

42 | Weydner-Volkmann, Sebastian
Moralische Landkarten der Sicherheit. Ein Framework zur hermeneutisch-ethischen Bewertung von Fluggastkontrollen im Anschluss an John Dewey
2018. 364 S. Geb. € 58,00
ISBN 978-3-95650-377-1

43 | Fabbianelli, Faustino (Hrsg.)
Theodor Lipps. Schriften zur Einfühlung. Mit einer Einleitung und Anmerkungen
2018. XLII/746 S. Geb. € 78,00
ISBN 978-3-95650-416-7

44 | Schimmer, Thomas M.
Phänomenologische Kulturkritik. Praktische und kulturphilosophische Perspektiven bei Edmund Husserl, Martin Heidegger und Michel Henry
2018. 361 S. Geb. € 58,00
ISBN 978-3-95650-432-7

45 | Luna Bravo, José Luis
Phänomenologie der sinnbildlichen Erfahrung. Phänomenologische Auslegung der Eranos-Sichtweise zu den Sinnbildern im Ausgang vom Phantasieleben
2019. 210 S. Kt. € 38,00
ISBN 978-3-95650-482-2

46 | Lessau, Mathis
Selbstverstehen und Fremdverstehen. Diltheys Autobiographiekonzept als Grundlage der Geisteswissenschaften
2019. 227 S. Kt. € 38,00
ISBN 978-3-95650-507-2

47 | Caruso, Giovanna
Kunst und Leben. Eine kritische Auseinandersetzung mit Adorno, Benjamin und Heidegger
2019. 252 S. Kt. € 42,00
ISBN 978-3-95650-531-7

48 | Wang, Jiaxin
Husserls Begriff der ‚Hyle' aus der Perspektive der Lebensphänomenologie
2019. 130 S. Geb. € 24,00
ISBN 978-3-95650-525-6

49 | Weiß, Michael Bastian
Leben als Leben. Johann Gottlieb Fichtes späte Wissenschaftslehre
2019. 529 S. Geb. € 68,00
ISBN 978-3-95650-545-4

ERGON